Herder Taschenbuch 1505

Über das Buch

Im Grunde ist das ganze gewaltige Werk des Johannes vom Kreuz
– Mystiker, Heiliger und Kirchenlehrer – in der Absicht geistlicher Führung geschrieben. Besondere Bedeutung kommt darum
seinen wenigen erhaltenen Briefen zu, Zeugnissen zwischen-
menschlicher Praxis aus jenem letzten Lebensjahrzehnt, in dem
auch das gesamte Prosawerk entstand. Dennoch blieben diese
Briefe bisher unbeachtet im Schatten, wohl, weil sie sich in ihren
ganz persönlichen Bezügen und Umständen nicht einfach zur
Lektüre anbieten. Erika Lorenz übersetzte sie in unsere Sprache
und läßt in ausführlichen Kommentaren Licht auf dieses Dunkel
fallen, so daß die Briefe nun aufleuchten wie bunte Glasfenster.
Dabei zeigt sich, daß diese Lebenszeugnisse in unmittelbarem
Zusammenhang mit dem parallelen mystischen Werk stehen.
Manche der Briefe, von denen hier die profiliertesten ausgewählt
wurden, sind eine konzentrierte und zugleich individuelle An-
wendung ganzer Werkstrukturen. Dahinter, ebenfalls aus dem
Dunkel ans Licht geholt, zeichnet sich die Persönlichkeit des Johannes vom Kreuz ab: erfahren, liebevoll, ein feinfühliger Psychologe und sicherer Wegführer. Ein Buch für jeden, dem reale
Gottesbegegnung etwas bedeutet.

Über die Autorin

Erika Lorenz, geboren 1923 in Hamburg, Dr. phil., Professorin für
Romanische Philologie an der Universität Hamburg. Hauptfor-
schungsgebiet ältere spanische Literatur.

ERIKA LORENZ

Ins Dunkel geschrieben

Johannes vom Kreuz –
Briefe geistlicher Führung

HERDER TASCHENBUCH VERLAG

Originalausgabe
Veröffentlicht als Herder-Taschenbuch
Spanische Texte in der Übersetzung von Erika Lorenz

Buchumschlag: Willi Kretzer

INHALT

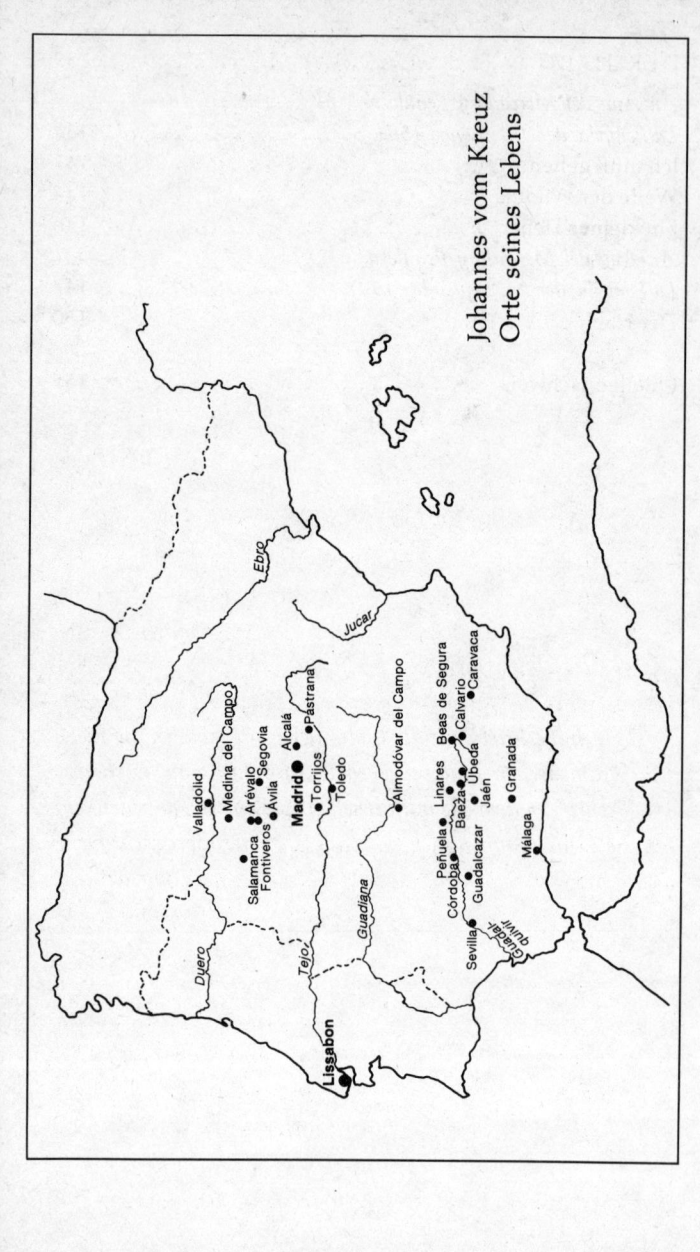

Johannes vom Kreuz
Orte seines Lebens

JOHANNES VOM KREUZ
SCHREIBT AN DEN LESER

Lieber Leser, Jesus sei in Ihrer Seele!

Sie werden sich wundern, nach so langer Zeit von mir zu hören. Aber die nun fast 400 Jahre, die ich hier oben im Himmel verbringen durfte, erschienen mir wie ein Augenblick. Ich habe meine Verantwortung nicht vergessen, und ich kann Sie, lieber Leser, weder übersehen noch übergehen. Im Gegenteil, ich brauche Sie, brauche meine Liebe zu Ihnen. Erlebe ich doch hier in diesem Augenblick, was ich in meinem Erdenleben immer wieder sagte und schrieb: mit der Gottesliebe wächst auch die Liebe zum Mitmenschen und umgekehrt! Also hilft mir auch das „umgekehrt", zu dem Sie mir verhelfen. Sie müssen ja bedenken, daß die Liebe ein unendlicher Prozeß ist. Sofern wir nicht mehr an unserer kreatürlichen Selbstliebe haften, sofern wir lernten, alles, auch unsere Mitmenschen, in Gott zu erkennen und zu lieben.

Das sagte auch unsere Mutter Teresa, und sie sagte es so diskret und charmant, daß sich niemand daran stieß. Ich bin da wohl manchmal reichlich ausführlich geworden, aber ich wollte doch, daß ein jeder mich verstehe. Auch ist es meine Art der Liebe, daß sie ihren Gegenstand behutsam umkreist, bis sie ihn von allen Seiten, mit allen Höhen und Tiefen erfaßt hat – und doch weiter kreist, weil immer noch die unergründliche Mitte bleibt.

Ein himmlischer Freund und Nachbar, Johann Sebastian Bach – Ihr Landsmann, trotz allem – sagte mir, es sei ihm beim Komponieren ähnlich gegangen. Im grenzenlosen Raume Gottes mache das Fortschreiten keinen Sinn, wohl aber die unendliche, unendlich variierte Wiederholung. Ich sage noch einmal, lieber Leser, ich übersehe und übergehe Sie nicht. Ich denke an Sie und werde Sie nicht vergessen. Und ich bin dankbar für Ihre liebende Aufmerksamkeit.

Um eines muß ich aber ganz dringend bitten: Lesen Sie diese ausgewählten Briefe in der dargebotenen chronologischen Reihenfolge. Und überspringen Sie nicht die Kommentare. Anders wäre alles nichts. Denn was ich in diesen Briefen meinen Beichtkindern und Freunden – den weltlichen wie den geistlichen – sage, hängt eng zusammen mit meinen Erfahrungen im inneren und äußeren Leben.

Verfolgen Sie diesen Faden, halten Sie sich fest an den Verbindungen ganz persönlicher Situationen mit meinem Werk. Folgen Sie diesem Werden der Liebe, denn ich wünsche von ganzem Herzen Ihr Heil. Darum habe ich ja das alles geschrieben.

Sie werden sich vielleicht fragen, warum so wenige meiner Briefe erhalten sind. Meine Erklärung muß etwas komplex ausfallen, ich bitte um Geduld. Und in Geduld müssen Sie sich ohnehin üben, wenn Sie eines Tages zur Kurzweil der ewigen Schau gelangen wollen (Show sagen wir hier oben nicht). Sehen Sie, was meine Briefe angeht, so schrieb ich ja viel und überwiegend an meine Brüder und Schwestern im Orden und an die Mutter Teresa. Die Mutter gab ein Beispiel für den Umgang mit Briefen: sie vernichtete sie alsbald. Teils aus Platzmangel, teils zur Entwöhnung von falscher Anhänglichkeit, vor allem aus Vorsicht. Denn wir lebten wie Sie, mein Leser im Herrn, inmitten einer politischen Welt, die keine Flucht in die Innerlichkeit erlaubte, so sehr man das auch manchmal wünschen mochte. Wir lebten in unserem Orden inmitten von Rivalitäten, Intrigen, übler Nachrede – wir lebten, wie die Kirche, menschlich. Und darum auch gefährlich.

Die papiernen Autodafés der Schwestern in Beas und Granada dienten meinem Schutze, und solche Briefverbrennungen machten im Orden Schule. (Ich sage immer „im Orden", wenn auch unsere unbeschuhte karmelitische Kongregation erst mehr als zwei Jahre nach meinem Eintritt in die Ewigkeit zu dieser Selbständigkeit gelangte, die man als Orden bezeichnet.)

Sie dürfen also in den Vernichtungen keine Respektlosigkeit sehen. Die Schwestern in Granada nannten meine Briefe die „Episteln", weil sie sie mit denen des Paulus verglichen, was mir sehr unangemessen schien, aber sie trennten sich von ihnen aus Liebe, nämlich zu meinem Besten, wie Sie im letzten Kapitel noch lesen werden. Ich selbst verbrannte Briefe anderer Art auf meinem Sterbelager, vorsichtig natürlich, Diffamierungen, die meiner Demut halfen, aber die in der Nachwelt vielleicht Empörung hervorgerufen hätten. Dem wollte ich meine Feinde nicht aussetzen.

Aber es gibt auch noch andere Gründe für die beschränkte Überlieferung meiner Briefe. Schlichte Gleichgültigkeit in früheren Jahren. Ich drängte meine vielleicht positiven Seiten nie auf. Unerheblich scheint mir, daß ich die Briefe später meinem Sekretär P. Juan Evangelista diktierte. Dann wären sie ja, wie meine Werke, immerhin noch da, wenn auch in seiner Handschrift, die ich wegen ihrer Schönheit so liebte, daß ich die eigenen Blätter meist zerriß, sobald sie abgeschrieben waren – nein, da waren auch noch die Vergänglichkeitsmale des Papiers: ich nahm stets das schlechteste aus ideellen und praktischen Gründen. Andererseits kann ich in Ihrem Interesse, lieber Leser, zugunsten meiner Briefe sagen, daß doch die meisten erhaltenen in meiner eigenen Handschrift vorliegen, „Autographen" sind, wie die Verleger sagen, meine einzigen zusammen mit einigen auf Zettel geschriebenen Weisungen, die ich gern an meine geistlichen Töchter in Beas verteilte*.

Alles das ist viel persönlicher, als jene meinen, die in Ihrer Welt von meinen „Werken" sprechen. Ich dachte nie an Werke, nur an Liebe. Und am persönlichsten sind natürlich die Briefe, abhängig von Situation und Augenblick. Dazu die offenen und verdeckten Anspielungen auf die in Dichtung und Denken verarbeitete Erfahrung, die hilfreich sein kann im Werden eines Christen.

Darum bitte ich Sie, mein lieber Leser im Herrn, noch einmal um Geduld, denn diese Briefe bedürfen des Kommentars. Den konnte ich ja nun nicht selbst vornehmen wie bei meinen liebsten Gedichten. Wir sind da auf die Kommentatorin angewiesen, die sich alle Mühe gab. Aber sie kann nicht alles wissen, und ich half nur selten – die Freiheit meines Mitmenschen ist mir kostbar. Ich hoffe aber, daß Sie, mein denkender Leser, manches aus Ihrer eigenen Erfahrung beitragen können, das die Kommentare ergänzt. Ich bitte Sie um Nachsicht.

---

* Der Heilige meint hier die „Dichos de luz y amor" – Sprüche des Lichtes und der Liebe.

So lernen wir uns schon ein wenig kennen. Ich hoffe, daß wir dann eines Tages hier oben unsere Bekanntschaft – oder darf ich sagen: Freundschaft? – vertiefen können. Der barmherzige Gott lasse Sie wachsen in Glaube, Hoffnung und Liebe!

Ihr ergebener Diener im Herrn
Fray Juan de la †.

Anmerkung der Kommentatorin und Übersetzerin: Dem Sprachgebrauch seiner Zeit entsprechend schreibt der Heilige immer nur „Leser" (lector) und nicht „Leserin". Sie ist aber mitgemeint, ähnlich wie auch das Wort „Mensch" Mann und Frau bezeichnet. Die Leserin möge dem Heiligen, der meist an Frauen schrieb, verzeihen.

BIOGRAPHISCHE HINFÜHRUNG

Juan de Yepes y Álvarez wurde 1542 auf der kastilischen Hochebene, der „Meseta" geboren, in einem erd-
farbenen Dorf inmitten von Äckern, Feldern und
Wiesen, die sich bis an den Horizont erstrecken – in der
Ferne gegen Süden von den hohen Ketten der Sierra de
Gredos begrenzt. Fontiveros heißt dieser Ort im Nord-
westen der Provinz Ávila. Ein rauhes Klima, Wind und
Weite, gewaltiges Licht, kaum Bäume und keine Ge-
wässer.

Wir wissen nicht den Geburtstag des Juan oder Johannes vom Kreuz, jedenfalls war er der jüngste von
drei Söhnen. Der mittlere starb noch als Kind, vielleicht
an Unterernährung, der älteste war geistig ein wenig
beschränkt, aber fromm und fleißig. Als Johannes später zu Ämtern und Ehren gekommen war, stellte er ihn
gern vor als das Liebste, was er auf dieser Welt besaß
(Crisógono 289).

Die Ehe der Eltern war durch eine für damalige Verhältnisse sehr ungewöhnliche Liebesheirat zustandege-
kommen, und sie hatte tragisch-dramatische Aspekte –
ein traurig-süßes Lied von Liebe und Tod. Gonzalo de
Yepes, früh verwaist, wuchs bei seinen Onkeln auf, in

Yepes, sechs Meilen von Toledo. Alter Adel, so sagt man. Doch die Onkel waren Seidenhändler, was eher zu arabisch-spanischen Traditionen oder zum jüdischen Bürgertum paßt. Ein Fall von „Neuchristen", getauft, verdächtig, mit gekauftem Adelsbrief wie bei Teresa von Ávila? Nicht unmöglich, aber auch bis heute nicht bewiesen. Toledo jedenfalls war eine Hochburg ehemaliger Mauren und Juden, und die „Neuchristen" zeigten den echten oder gespielten Eifer von Konvertiten.

Auch hohe Geistliche gab es in der Familie Yepes. Gonzalo aber, Juans Vater, reiste als Seidenhändler zwischen Toledo und dem großen Markt Medina del Campo hin und her. Medina war damals ein königliches Handelszentrum: Tuch, Seide, Korallen, Gewürze, Knöpfe, Leder, Seifen, Zucker. Gonzalo hatte eine Witwe aus seiner Branche kennengelernt, die eine Seidenweberei in Fontiveros unterhielt. Dort machte er gern Station auf seinen Reisen. In der Weberei arbeitete eine junge Waise aus Toledo, Catalina Álvarez. Sehr schön, vornehm und lieb im Wesen, bettelarm und von ungewisser Herkunft. Für Gonzalo de Yepes die große Liebe seines Lebens. Und sein Schicksal, denn als er sie gegen den Willen aller heiratet, wird er enterbt. Er bleibt in Fontiveros, erlernt auch das Handwerk des Webens. Es reicht nur zu einem äußerst bescheidenen Leben. 13 Jahre nach seiner Hochzeit und bald nach der Geburt des Johannes stirbt der tapfere Vater nach langer und, wie berichtet wurde, schmerzhafter Krankheit.

Die Witwe bleibt mit den Kindern in einem Lande zurück, dem das amerikanische Silber nur Inflation und wirtschaftliche Rezession brachte. Aus der Armut wird Elend. Catalina versucht an verschiedenen Orten, den Lebensunterhalt für sich und die Söhne zu verdienen. Schließlich zieht die kleine Familie zuerst nach Arévalo, dann nach Medina del Campo, wo es einfach mehr Möglichkeiten gibt. Johannes ist 9 Jahre alt, ein aufgewecktes, körperlich sehr zartes Kind. Es sollte nun lesen und schreiben lernen – was der ältere Bruder Francisco niemals vermochte, der wie seine Eltern Weber wurde. Aber Catalina kann ihren lernfähigen Sohn Juan nicht ernähren, darum gibt sie ihn fort in ein Waisenhaus. Hier lehrt man ihn nicht nur lesen und schreiben, man bemüht sich auch, ihm mit einem Handwerk die Zukunft zu sichern. Johannes versucht sich nacheinander als Zimmermann, Schneider, Bildschnitzer und Maler – und scheitert in allem.

Obwohl es ihm nicht an Interesse fehlte, besonders die künstlerischen Möglichkeiten zogen ihn an. Er wird auch später im Leben gern Holzskulpturen schnitzen. Leider ist nichts davon erhalten, dafür aber eine Kruzifix-Zeichnung von starker künstlerischer Ausstrahlung.

Im ganzen zeigte sich, daß Johannes mehr der geistigen und der karitativen Arbeit zuneigte. Die Kinder der Waisenschule mußten bei Beerdigungen assistieren, wofür sie Almosen erhielten, die für den Unterhalt der Institution nötig waren. Auserwählte Kinder dienten auch im benachbarten Kloster bei der Messe; zu ihnen gehörte Johannes, und er fiel auf, weil er dieses Amt besonders gut versah. Zur Belohnung durfte er in Medinas Syphilis-Spital als Krankenpfleger arbeiten. Die vielleicht aus Amerika eingeschleppte Krankheit, das damalige „Aids", breitete sich schnell und unbehandelbar aus. Im Hospital pflegte man nur die weit vorgeschrittenen, ganz besonders grausigen Fälle. Dieses Elend menschlichen Verfalls muß die sensible Seele des kleinen Johannes tief beeindruckt haben.

Er schlief und lebte nun ganz in diesem Krankenhaus der Hoffnungslosigkeit, und er wurde hier auch weiter unterrichtet. Dem Direktor fielen die besonderen Fähigkeiten des Jungen auf, seine Liebe im Umgang mit den Kranken, seine wache Aufnahmefähigkeit beim Lernen. So nahm sein Schicksal die entscheidende Wende: er erhielt einen Platz im Jesuitenkolleg, der besten Ausbildungsmöglichkeit in damaliger Zeit.

Johannes war nun etwa 17 Jahre alt und ging für 4 Jahre in die Schule der Jesuiten. Wir würden heute etwa sagen: er machte dort das Abitur. Er lernte Latein und Grammatik, Rethorik und die weiteren „Künste" humanistischer Bildung der Zeit. Hier wurde auch der erste literarische Kontakt hergestellt – entscheidend für den späteren Mystiker und Schutzpatron der spanischen Dichter, der seine Gotteserfahrung in Versen festzuhalten suchte. Er war ein guter Schüler, dazu ein engagierter Christ. So dachten die Patres, ihn zum Priester und Spitalseelsorger auszubilden.

Aber Johannes hat tiefere Sehnsüchte, fürchtet vielleicht auch das frühe Eingebundensein in Alltagspflichten. Da er nicht frei entscheiden darf, bleibt nur die Flucht: Heimlich verläßt Johannes das Hospital und klopft an die Klostertür der Karmeliten. Dort, im Konvent der heiligen Anna, zaudert man nicht, versteht die

Situation. Als die Jesuiten kommen und den Entflohenen einfangen wollen, trägt er bereits den braunen Habit mit weißem Mantel und hat die Mönchstonsur empfangen. Vollendete Tatsachen.

Johannes hat als Karmelit den Namen Juan de Santo Matía angenommen. Nach einem Jahr – 1564 – legt er Profeß ab. Und er schreibt sichtlich bewegt seine ersten Verse, erhalten sind sie nicht. Man sendet ihn nun zum Studium auf die traditionsreiche Universität von Salamanca, die Karmeliten hatten dort gerade ihr Kolleg San Andrés eingeweiht. Strenge Klausur, hartes Leben – das, was Johannes liebt. Um so farbiger ist der Fächerkatalog. An dieser Universität, der einstigen Hochburg der Scholastik, wird neben Aristoteles und Thomas von Aquin auch neuplatonische Patrologie geboten, es gibt Vorlesungen über arabische Philosophie, über klassische und zeitgenössische Dichtung.

Juan de Santo Matía saugt Honig aus allen Blüten, bis sich die Studien auf Theologie und Priesterweihe konzentrieren. Er ist bis 1567 in der „Artistenfakultät" eingetragen, 1567/68 dann bei den Theologen. Gleich zu Beginn des Theologiestudiums zeigte sich sein besonderes Interesse für Mystik. Dionysius Areopagita und Gregor der Große faszinierten ihn. Er fragte nach dem Wesen der Kontemplation, schrieb seine erste Arbeit, die verloren ging. Seine Kommilitonen berichten, daß er nachts viele Stunden im Gebet verbrachte, meist an einem Fensterchen sitzend, das sich zur Kapelle öffnete und den Blick auf den Tabernakel freigab. Obwohl man die harte Askese kannte, der Johannes sich freiwillig unterwarf, war er beliebt. Man empfand ihn nicht als

Streber, spürte die echte Gottesliebe, die sein Tun bestimmte.

1567 wird er zum Priester geweiht, noch vor Abschluß der Studien. Johannes kommt zu seiner Primiz nach Medina. Hier ereilt ihn sein Schicksal in Gestalt der heiligen Teresa von Ávila. Die 52jährige Teresa hat nach langen inneren und äußeren Kämpfen zur Fülle ihres Reformauftrags, zur Reife des kontemplativen und aktiven Lebens gefunden, bei der das Tun aus dem Gebet erwächst – das besondere Charakteristikum Teresas. Sie hat gegen Widerstände, aber auch unter Beifall ihr erstes Reform-Nonnenkloster San José in Ávila gegründet. Sie weiß sich zu dieser Zeit (nicht immer ist die Stunde so günstig) vom karmelitischen Ordensgeneral Rubeo und von ihrem berühmten Beichtvater Domingo Báñez unterstützt*.

Jetzt will sie – keineswegs ängstlich – ihr erstes Mönchskloster gründen. Dazu braucht sie männliche Mitarbeiter. Als sie sich auf der Durchreise in Medina aufhält, zeigt sich der Prior des dortigen Karmelitenklosters, Antonio de Heredia, sehr aufgeschlossen. So sehr, daß der reife Mann bald sein Priorat aufgeben und zweiter Helfer werden wird. Freilich kein anspruchsloser. Der erste aber, der unbedingte, ist der soeben geweihte Jungpriester Juan de Santo Matía!

Sein Prior hatte ein Treffen zwischen ihm und der Mutter Teresa arrangiert. Er weiß nicht, daß Johannes gerade in einer Krise steht. Wieder denkt dieser, wie schon vor vier Jahren, an radikalen Wechsel: er möchte

---

* Vgl. E. Lorenz, Ein Pfad im Wegelosen, Herderbücherei 1307, 1986.

den Karmelitenorden verlassen und Kartäuser werden. Ist Johannes wankelmütig? Im Gegenteil, er verfolgt nur kompromißlos das eine Ziel: Gott. Seine Nähe, seine Liebe, die Einheit und Ganzwerdung in ihm, von dem her erst alles Leben seinen Sinn erhält. Kurz, Johannes ist der geborene Mystiker, und er sucht mit allen Mitteln die Verwirklichung dieses seines tiefsten Wesens. Sie soll ihm zuteil werden, aber ganz anders, als er dachte.

Teresa gelingt es, ihm seine Kartäuserpläne auszureden. Sie spricht mit Engelszungen, erklärt ihm das kontemplativ-eremitische Ideal ihrer Ordensreform, die sich in der Nachfolge des Propheten und Wüstenheiligen Elija versteht – ein eindrucksvoller Mythos! Und sie nimmt den jungen, scheuen, aber höchst lebendigen Johannes gefangen mit dem berühmten Charme ihrer Persönlichkeit, ohne welche Gottesgabe das Werk der Reform und der Gründungen nicht hätte durchgeführt werden können. „Sie hatte sehr anmutige Züge, die zu inniger Ergebenheit bewegten", schreibt später über sie der noch jüngere Pater Gracián, der sie als 60jährige kennenlernte. Johannes wußte das schon acht Jahre früher.

Teresa freilich nimmt ihn noch nicht ganz ernst, nennt ihn, als sie von der Begegnung berichtet, ein halbes Mönchlein – er war ja so klein und dazu so jung (vgl. Crisógono 71)! Aber bald versteht sie und schreibt im September 1568 an ihren Freund Francisco de Salcedo: „Unterstützen Sie ihn bei diesem Vorhaben, denn wenn er auch klein ist, erkenne ich ihn doch als groß in den Augen Gottes. Wir werden ihn dort gewiß sehr brauchen, denn er ist klug und für unsere Lebensweise wie geschaffen. Und so glaube ich, daß ihn unser Herr dazu berufen hat" (Carta 13).

Johannes freilich muß erst noch seine Studien in Salamanca beenden. Unterdes findet Teresa ein ärmliches kleines Haus in Duruelo, im westlichen Teil der Provinz Ávila. Es ist in schlechtem Zustand und wird erst im November bezugsfertig sein. Unterdes reist Johannes mit Teresa zur Gründung eines Nonnenklosters nach Valladolid. So geht er in die Lehre, und so lernt sie ihn näher kennen. Sie schreibt darüber im „Buch der Klostergründungen" und fügt hinzu: „Er war ein so guter Mensch, daß zumindest ich mehr von ihm lernen konnte als er von mir. Dennoch tat ich es nicht, sondern beschränkte mich darauf, ihm die Lebensweise der Schwestern darzulegen" (Kapitel 14). Das ist typisch Teresa mit ihrer humorvollen Ironie! Und ein wenig Ärger hatte es auch schon gegeben, aber, so gibt Teresa ehrlich zu, nie sah sie an ihm eine Unvollkommenheit, nie gelang es ihr, ihn zornig zu machen (Carta 13).

Das heißt, Johannes wagte es von Anfang an, sich der Mutter Teresa gegenüber zu behaupten. Er verfügte nicht über ihre diplomatische Kompromißbereitschaft. Sie erkannte die Lauterkeit in seiner Weigerung und verzieh.

Als am 28. November 1568 das Kloster in Duruelo eingeweiht ist, nennt Johannes sich nicht mehr Juan de Santo Matía, sondern Juan de la Cruz, Johannes vom Kreuz. Er hat sein inneres Zentrum gefunden. Drei weitere Mönche waren mitgekommen. Als der Provinzial Alonso González sie im Frühjahr 1569 besucht, ist er

über das Vorgefundene so erfreut, daß er das Klöster-
chen zum Priorat erhebt. Pater Antonio wird Prior, Johannes Subprior und Novizenmeister. Von diesem
Augenblick an ist er der geistliche Führer und Erzieher
des reformierten Ordens. Bald wird der Andrang von
Novizen in Duruelo so groß, daß man nach Mancera,
gut 5 km weiter, umziehen muß. Aber Teresa braucht
Johannes alsbald an noch wichtigeren Plätzen.

In Pastrana wird im Sommer des Jahres 1569 nach
dem Nonnenkloster auch ein Mönchskonvent gegründet. Seine Keimzelle war die Stiftung einer Eremitage,
die einem gebildeten Italiener aus Neapel, Ambrosio
Mariano Azaro, vom Fürsten Ruy Gómez, dem Herrn
von Pastrana und Mann der berühmt-berüchtigten
Prinzessin Éboli, überlassen worden war. Antonio de
Jesús (Heredia) aus Duruelo/Mancera wird von Teresa
als Prior geholt, denn sie sieht voraus, daß in diesem
Kloster das erste große Noviziat ihres Ordens entstehen wird. Darum wird auch bald der überragende Novizenmeister gebraucht: Johannes erhält im Oktober
1570 den Ruf und macht sich sofort auf den Weg. Er
bleibt etwa einen Monat, um alles zu organisieren und
einen neuen Novizenmeister, Fray Gabriel de Asun-
ción, „anzulernen". Dann kehrt er zurück nach Mancera, wird aber von Teresa bald nach Alba de Tormes
beordert zur Gründung eines Nonnenklosters, in dem
knapp zwölf Jahre später die Gründerin ihren letzten
Atemzug tun soll.

Johannes ist nicht eben ein ruhiges Leben vergönnt,
aber zu jeder Zusammenarbeit mit der heiligen Teresa
kommt er mit Freuden. Weniger begeistert ist er dann

allerdings, als man ihn zum Rektor des in Alcalá de Henares gegründeten Kollegs beruft. Er beginnt sein Amt im April 1571, empfindet aber die ständige Forderung organisatorischer und verwaltungstechnischer Aktivitäten als seinem Wesen tief widersprechend. Tatsächlich erkennt man in Alcalá, dieser wichtigsten Universitätsstadt neben Salamanca, diesem Zentrum der spanischen Renaissance, das asketisch-kontemplative Vorbild des Johannes zwar als bewundernswürdig, aber unpassend. Hier geht es nicht darum, auch noch die Alpargatas (Hanfsandalen) auszuziehen, hier geht es um eine Dynamik neuen Geistes auf intellektueller Ebene, um Kampf, ja, Agression gegenüber feindlichen Strömungen, die dem entstehenden Orden gefährlich werden konnten, wie etwa die Büßerbewegung um die exzentrische Höhlenbewohnerin Catalina de Cardona, eine Pseudoheilige irrenden Zeitgeistes. Obwohl Johannes auch noch einmal nach Pastrana fährt, um dort mit Exzessen im Cardona-Stil aufzuräumen, ist Teresa doch von seiner wenig ausgeprägten Lust an der Vita activa enttäuscht. Gerade in diesem Augenblick tritt in Pastrana Pater Jerónimo Gracián in das Kloster ein – der heiter-bewegliche Mann der Tat, auf den die Gründerin wartete.

Johannes aber erhält den „Posten", der seinen genialen Gaben des inneren Lebens entspricht: Teresa holt ihn zu sich nach Ávila! Man hatte ihr das Priorat des riesigen unreformierten „Menschwerdungs"-Klosters übertragen, in dem sie 25 Jahre lang in stets beklagter Halbheit gelebt hatte, ehe sie zu ihrem großen Reform- und Gründungswerk aufbrach. Die Schwierigkeiten dieses Hauses hatten sich inzwischen nicht gebessert, eher verstärkt. 130 Nonnen mußten hungern, Kontakte nach außen suchen und halten, um sich ernähren zu können. Die Sprechzimmer voller oft lästiger und anspruchsvoller Besucher, kaum Zeit und Stimmung zur Pflege des Gebets und innerlich gesammelten Lebens. Die gereizten Schwestern lehnen sich auf gegen eine „abtrünnige" ehemalige Mitschwester als Priorin. Als der Provinzial mit Teresa kommt, verrammeln sie die Tür. Dem Klopfen antwortet hundertfältig wildes Protestgeschrei. Teresa, in ihren weißen Mantel gehüllt, setzt sich still auf einen Stein neben der Kirche. Der Provinzial will aufgeben, sagt: „Sie wollen also nicht die Mutter Teresa de Jesús." Nun heißt aber das spanische Wort für „wollen" – querer – auch „lieben". Dem Ausspruch folgt von innen der Schrei: „Wir wollen sie und lieben sie", und ein Teil der Nonnen stimmt das Tedeum an. Der erste Widerstand ist gebrochen.

Es war natürlich, daß Teresa hier den besten Beichtvater und geistlichen Führer brauchte: Johannes vom Kreuz! Er kam im Mai 1572 und blieb (mit kurzen Unterbrechungen) bis Ende 1577 dort. Hier nun war sein Erfolg durchschlagend. Teresa hatte den Schwestern gesagt: „Ich bringe Ihnen, meine Damen, einen Heiligen als Beichtvater" (Crisógono 101). Doch war dieser Heilige ein unscheinbarer junger Mann von 30 Jahren, zudem ein „Unbeschuhter". Da die Nonnen nicht gezwungen waren, zu ihm zu gehen, läßt sich sein Erfolg am Besuch des Beichtstuhls ablesen. Zuerst kamen nur die Jüngeren, die Flexibelsten. Doch mehr und mehr bevorzugen ihn auch die anderen, bald kommen alle, ohne Ausnahme! Ein Gehilfe ist ihm zugesellt, Fray German de San Matías, beide werden, weil es im Kloster der „Beschuhten" zu Schwierigkeiten kommt, in einem kleinen isolierten Häuschen einquartiert, was sich noch als verhängnisvoll erweisen soll. Aber mehr als fünf Jahre ist es eine gute, eine fruchtbare Zeit, die Johannes hier in Ávila verbringt. Teresas einstiges „Menschwerdungskloster" wandelt sich, das Leben darin wird sinnvoller, glücklicher. Und zwei große Heilige, zwei Meister des Gebetes, zwei Begnadete der Gotteserfahrung, begegnen sich wesentlich, formen sich gegenseitig. Teresa wird noch am Ende des Jahres 1572 des Eintritts in die Unio mystica gewürdigt, auch für Johannes ein Lohn seiner geistlichen Führung. Johannes entfaltet sich innerlich in ihrer Liebe, wird lockerer, feiner Humor blitzt manchmal auf. Als man ihn fragt, warum er die Heilige Dreifaltigkeit so verehre, gibt er zur Antwort: „Weil sie der größte Heilige im Himmel ist."

Wenn er über die heilige Trinität sprach, geriet er leicht in Ekstase. Teresa und eine weitere Zeugin sahen bei solcher Gelegenheit seine Levitation (Crisógono 110). Doch in der Umgebung waren auch zahlreiche Teufel auszutreiben, Johannes erwies sich als unkonventioneller und wirkungsvoller Exorzist. Und er zeigte seine ganz ungewöhnliche Gabe der Unterscheidung. Einmal mußte er in Teresas Auftrag nach Medina wandern, einer Nonne dort den Teufel austreiben. Doch kaum hatte er sie gesehen, mit ihr gesprochen, da setzte er sich und las ihr aus dem Evangelium vor. Und sagte den Nonnen: „Diese Schwester hat keinen Teufel, sie ist verrückt." Mit anderen Worten: die Schwester war krank.

Während Johannes in Teresas altem Menschwerdungskloster seine segensreiche Tätigkeit entfaltete, zogen bei den nicht reformierten „Beschuhten" dunkle Wolken auf. Die sehr komplexen Zusammenhänge dieses „Sturms im Orden", wie man immer wieder sagte, sind hier nur knapp anzudeuten. Ursprünglich hatte man Teresas Reformbestrebungen wohlwollend aufgenommen, ja, der karmelitische General hatte ihr gesagt, sie möge so viele Klöster gründen, „wie sie Haare auf dem Kopfe habe".*

Allerdings mit gewissen Auflagen, die sich auch auf das Territorium bezogen. Nun machten sich aber auch andere ans Klostergründen, hinzu kam ein Versehen Teresas, so daß „wilde" Klöster entstanden, sehr zum Ärgernis des Generals. Ein weiterer Faktor war die Einmischung des Papstes und des spanischen Königs Philipps II. in die Visitationsverfahren (Kontrollen). So fungierten zwei apostolische Visitatoren unabhängig vom General, und der willkürlichere von ihnen, Vargas, übertrug Teresas jungem Favoriten P. Gracián das andalusische Visitationsrecht über Beschuhte und Unbeschuhte – keineswegs zu Graciáns Freude. Die Ernennung wurde vom Papst bestätigt.

Der Konflikt zwischen Papst und Ordensgeneral wurde 1575 auf einem Generalkapitel in Piacenza (Italien) bereinigt. Das Unglück wollte, daß Teresa zwei zuvor abgesandte Briefe des Generals Rubeo (Rossi) nicht

---

* Vgl. E. Lorenz, Nicht alle Nonnen dürfen das, Herderbücherei 1090.

erhalten hatte. Ihr Schweigen wurde als Rebellion aus-
gelegt. Das Kapitel beschloß, die Reform, so weit es
möglich war, wieder aufzuheben. Ohne Erlaubnis des
Generals gegründete Klöster waren zu schließen, weitere Gründungen verboten, Teresa wurde in ein von ihr
zu wählendes Kloster eingesperrt – sie wählte Toledo
(1576). Die Nonnen durften nicht mehr das Kloster
wechseln. Die „Unbeschuhten" hielten ihrerseits am
9. September 1576 ein Kapitel in Almodóvar ab, um angemessen auf die Beschlüsse von Piacenza reagieren zu
können. Leider waren sie in wichtigen Fragen nicht ei-
nig. Die in der Geschichte dieses Ordens bis heute pro-
blematische Spaltung zeigte sich schon damals: die
Gruppe um Gracián wollte für die Patres den Akzent
eher auf das aktive, der Nächstenliebe gewidmete Leben legen. Johannes vom Kreuz und die Seinen vertra-
ten die Betonung der in Abgeschlossenheit und
Kontemplation zu pflegenden Gottesliebe. Aber beide
Gruppen wußten letztlich, daß das eine das andere bedingt und nach sich zieht, und so kam man doch zu
Einigungen, zu denen auch der Beschluß gehörte, Johannes vom Kreuz solle seine Tätigkeit im (eigentlich
„beschuhten") Menschwerdungskloster aufgeben, um
die Karmeliten nicht unnötig zu reizen.

Denn es hatte schon einen Skandal gegeben: die Ent-
führung des Johannes, in dessen Häuschen man ge-
waltsam einbrach, nach Medina del Campo, wo man
ihn im Kloster einsperrte. Doch war diese Gefangenschaft von kurzer Dauer (Genaues wissen wir nicht),
denn der päpstliche Nuntius verlangte Rückgabe und
drohte Exkommunikation an, so daß Teresa dem Gene-

ral im Februar 1576 schrieb: „Die Unbeschuhten hat man schon zurückgegeben." (Mit Johannes hatte man auch seinen Gehilfen Francisco de los Apóstoles entführt).

Dieser „Warnschuß" war also vom Kapitel in Almodóvar durchaus ernst genommen worden, auch Johannes hatte dem Beschluß, ihn aus dem Menschwerdungskloster abzuziehen, zugestimmt. Daß er dennoch weiter dort blieb, geschah weder aus Widerstand noch aus Schlamperei: die Nonnen hatten den päpstlichen Nuntius gebeten, ihnen diesen unersetzlichen Beichtvater zu lassen, und der Nuntius bestätigte den Auftrag des Johannes in ihrem Kloster!

Nun werden die „Beschuhten" rabiat. Sie fühlen sich mit dem Beschluß gefoppt – Johannes ist ein Objekt der Ordenspolitik geworden, eine Symbolfigur. Er hat eine seiner häufigen Vorahnungen: man werde ihn gefangennehmen, Medina war nur die Generalprobe. Er sagt es einer Nonne, die erzählt es weiter, bald ist Ávila informiert. Man bildet eine „Bürgerinitiative": hohe Herren zu Pferde wachen nachts vor dem Häuschen des Johannes. Doch natürlich nur für einige Nächte.

Die Vorgesetzten des Johannes haben ihn inzwischen zum Prior von Mancera ernannt, damit das Bangen ein Ende habe. Aber ehe Johannes sich aufmachen kann, schlagen die „Beschuhten" zu: Es sind die Patres aus dem unreformierten Karmelitenkloster von Ávila, bei denen der Prior von Toledo zu Besuch ist. Sie haben Weltleute mitgebracht, allerlei Bewaffnete, und überfallen in der Nacht des 2. Dezember das Häuschen, in dem der Heilige mit Pater Germán de Matías, seinem

Helfer, lebt. Die verriegelte Tür wird aufgebrochen, der Lärm ist groß, aber niemand vermag der brutalen Gewalt entgegenzutreten. Johannes und seinem Gefährten werden Eisenketten angelegt. Man sagt, alles geschehe auf Befehl des Generalvikars Tostado. Johannes antwortet: „So sei's denn. Gehen wir!" (Crisógono 125)

Nach der Ankunft im karmelitischen Konvent werden beide ausgepeitscht. Sie bleiben dort mehrere Tage, dann führt man Pater German nach Moraleja, noch in der Provinz Ávila. Johannes aber wird auf langen Schleichwegen nach Toledo gebracht. Teresa weiß es nicht, sie schreibt am 4. Dezember einen verzweifelten Brief an Philipp II: „Besser wären sie unter die Mauren gefallen, die noch vielleicht Mitleid gezeigt hätten!" Und sie fügt mit bitterer Ironie hinzu, der Generalvikar Tostado eigne sich zweifellos für sein Amt, da er es so gut verstehe, Märtyrer zu schaffen.

Der Märtyrer Johannes kommt Mitte Dezember des Nachts in Toledo an. Im Kloster laufen die Mönche zusammen, um ihn zu sehen und zu beschimpfen. Dann bildet man ein Gerichtstribunal und liest ihm den Beschluß des Generalkapitels von Piacenza vor, in dem die Rede ist von „einigen ungehorsamen und halsstarrigen Rebellen", die man platterdings „Unbeschuhte" nenne und die schwer zu bestrafen seien, wenn sie in ungenehmigten Klöstern oder Häusern leben oder wenn sie sich ganz allgemein nicht dem Ordensgeneral und damit den „Beschuhten" unterwerfen. Was im Klartext bedeutet: der Reform abschwören.

Ein Kapitelbeschluß, nicht die Willkür eines einzelnen Priors. Johannes sieht es, aber er hat sich nichts vorzuwerfen. Wurde er doch vom päpstlichen Nuntius selbst in Amt und Wohnung bestätigt. Und die Reform ist ihm heilig. Zuerst versucht man es mit Drohungen, dann mit Bestechung: ein Priorat mit schöner Bücherei. Johannes verweist auf die elende Armut des Gekreuzigten und bleibt fest.

Man sperrt ihn zunächst in das normale Gefängnis. Als nach zwei Monaten bekannt wird, daß Pater Germán entfloh, bringt man Johannes in ein dunkles Loch, mit den Maßen 6×10 Fuß* selbst für ihn zu klein – die ehemalige Gästetoilette. Ein breites Brett über den Öffnungen im Boden und zwei Decken sind das Mobiliar. Anstelle eines Fensters ein Spalt hoch oben in der Wand zum Korridor hin (Vgl. Crisógono 133, Bericht Juan de Santa Ana).

Eine Zelle in einem heutigen Gefängnis würde Johannes auch in Freiheit als zu luxuriös abgelehnt haben. Aber was er hier sieben Monate lang erträgt, spottet jeder Beschreibung! Gestank, Hunger, winterliche Kälte und Dunkel. Einziges Licht das bißchen Helligkeit oben an der Wand. Die „Brüder" vor der Tür sprechen laut davon, daß die Reform gescheitert sei, daß man ihn vergiften oder nie wieder herauslassen wolle. Mittags wird er in das Refektorium geführt: während die Mönche an ihren Tischen speisen, kniet Johannes mitten im Saal bei Wasser und Brot auf dem Fußboden. (Der Leser möge dieses nicht für sadistische Phantasien der Autorin halten. Alles ist in authentischen Berichten bezeugt.)

---

* Fuß: in Spanien ca. 28 cm, also ein Raum von 4,70 m².

Freitags wird er ausgepeitscht. Die Mönche bilden einen Kreis, jeder schlägt zu, so stark er kann. Die schlecht heilenden Narben werden Johannes noch jahrelang zu schaffen machen. Nur der neue junge Gefängniswärter, den er nach sechs Monaten erhält, ist ein Trost. Er hat Mitleid, gibt ihm zum ersten Male ein reines Hemd, gibt ihm Kerzen, Schreibpapier und Tinte. Johannes schreibt nieder, was er in dieser endlosen Nacht gedichtet hat. Die maßlose Not ließ alle inneren Quellen aufbrechen, in der absoluten äußeren Beengung schafft der verborgene Dichter sich Raum. Einen Raum der Freiheit, einen Raum geheimer Berufung.

Der Monat August kommt, es wird sehr heiß. Johannes spürt die Kräfte schwinden. Und er will nicht sterben, wie noch nie ist ihm sein Lebensauftrag bewußt geworden. Jetzt gilt es nicht mehr, nur sanft zu sein wie die Tauben, sondern auch klug wie die Schlangen. Johannes überzeugt seinen freundlichen jungen Wärter, der den Heiligen in ihm erkennt, daß er sein Nachtgeschirr lieber selber leeren würde. So kommt er einmal täglich aus dem Gefängnis, inspiziert den anschließenden Gästeschlafsaal, sieht aus dem Fenster, schätzt die Höhe, lockert täglich bei der Rückkehr ein wenig die Schrauben seines Türriegels. Jetzt helfen ihm die einstigen handwerklichen Bemühungen.

Er ist ungeheuer geschwächt, aber im Wunsch, zu überleben, wachsen ihm Kräfte zu. Am 14. August ist es so weit: Er reißt seine beiden Decken in Streifen, knotet sie aneinander, stößt die Schrauben aus dem Riegel, öffnet, schleicht durch den Gästeschlafsaal, be-

festigt das Deckenseil mit einem Haken an der Fenster-
brüstung und seilt sich ab, als habe er sein Leben lang
nur Sport getrieben. Die letzten eineinhalb Meter muß
er springen, landet gut und sieht sich zwischen vier hohen Mauern. Als er eine überklettert hat, ist der Schrek-
ken groß: er steht im Klausurhof des Franziskanerin-
nenklosters, Entdeckung wäre Skandal. Wieder überklettert er eine hohe Mauer, kommt auf die Straße, es
ist 2 Uhr nachts. Er irrt herum, zerlumpt und schmut-
zig. Findet ein Haus, in dessen Eingang er schlafen darf,
hinter der verschlossenen Tür. Als es dämmert, macht
er sich auf, fragt sich durch nach dem Konvent der Teresianischen Karmelitinnen. Deren Schrecken, ihn so
zu sehen, ist groß. Aber die Priorin ist klug und findig.
Eine kranke Schwester gibt Gelegenheit, ihn zur Aus-
übung seines Priesteramtes in die Klausur zu geleiten.
Keine Minute zu früh, die Karmeliten stehen vor der
Tür, durchsuchen Sprechzimmer und Kirche.

Am Abend findet Johannes freundliche Aufnahme
bei einem Geistlichen, der dem Spital vom Heiligen
Kreuz vorsteht. Eine Kutsche bringt ihn dorthin. Vom
Fenster seines Zimmers blickt er auf das Karmelitenkloster, dem er entfloh!

Das Leben des Johannes wird nun immer wesentli-
cher, immer dichter. Noch 14 Jahre bleiben ihm nach
der Flucht. Was in diesen Jahren geschieht, wird der Leser in den Kommentaren zu den Briefen erfahren. Ein
spanischer Gelehrter unserer Tage, Fernando Urbina,
einer der Zeugen des spanischen Bürgerkrieges,
schrieb: „Unsere Generation hat so abgrundtiefe
Nächte durchleiden müssen, daß nur das Licht, das im

Herzen des Johannes vom Kreuz erglühte, uns Trost und Hoffnung bringen und ermutigen konnte, weiterzugehen auf dem Weg der Dunkelheit, der der unsrige war" (Repges 13).

Gerade die noch gar nicht erschlossenen Briefe aber sind „die beste Weise, sich diesem großartigen und heiligen Mann zu nähern", denn ihre „höchst menschlichen Seiten sind voll von irdischer und geistlicher Problematik. Im Gegensatz zum konventionellen Bild eines strengen, harten und intoleranten Heiligen scheint in ihnen eine höchst menschliche Persönlichkeit auf, geprägt von liebevollem Verstehen. Die Briefe offenbaren uns einen ganz nahen und konkreten Johannes vom Kreuz, der, treu und verläßlich, sich darauf versteht, (seine Schützlinge) zu lieben und zu motivieren" (Pacho 219 f).

JONA IN DER FREMDE

Dieser Brief ist für Sr. Catalina de Jesús, Unbeschuhte Karme-
litin, wo auch immer sie sich befinden mag.

Baeza, den 6. Juli 1581

Jesus sei in Ihrer Seele, liebe Tochter Catalina!

Wenn ich auch nicht weiß, wo Sie sich aufhalten, möchte ich
Ihnen doch diese Zeilen schreiben. Ich tue das im Vertrauen,
daß unsere Mutter sie Ihnen nachsenden wird, sofern Sie nicht
mit ihr unterwegs sind.

Sollte sie Sie jedoch nicht mitgenommen haben, so trösten
Sie sich mit mir, der ich hier noch viel einsamer und ver-
bannter bin. Ja, seit mich der Wal verschluckte und in diesem
fremden Hafen ausspie, war es mir niemals mehr vergönnt,
sie wiederzusehen und ebensowenig die anderen Heiligen
dort.

Gott hat das gut gefügt. Denn die Verlassenheit schleift uns
zurecht, und aus dem Erleiden der Finsternis wird großes Licht
– wolle Gott, daß wir nicht im Finstern bleiben!

O was möchte ich Ihnen alles sagen! Aber ich schreibe ganz ins Dunkel, weil ich nicht weiß, ob Sie diesen Brief erhalten werden. Darum höre ich auf, ohne ihn zu beenden. Beten Sie für mich. Ich will Ihnen von hier nichts weiter berichten, ich mag einfach nicht.

Ihr Diener in Christo
fray Juan de la Cruz †*.

---

* Dieses ist die übliche Unterschrift des Heiligen. Sie wird bei den weiteren Briefen nicht wiederholt.

VERBANNUNG

Dieser erste erhaltene Brief des heiligen Johannes vom Kreuz ist in großer persönlicher Vertrautheit an eine geistliche „Tochter" gerichtet. Trost von einem Einsamen an die vielleicht Einsame. Vom Ordensbruder an die Ordensschwester, beide liebende Kinder der heiligen Teresa von Ávila, der „Mutter" des karmelitischen Reformordens. Gemessen an der sonstigen Zurückhaltung des Johannes darf man sagen, daß er hier sein Herz ausschüttet.

Man spürt in Trost und Trostbedürfnis, in der Trauer, die „Mutter" nach dem Entkommen aus dem Gefängnis in Toledo – aus dem finsteren Bauche des „Wals" – nicht mehr gesehen zu haben, seine Liebe zur heiligen Teresa. Und er weiß sich von der Schwester Catalina fraglos verstanden. Gehört sie doch zu jenen, die Teresa besonders nahestehen und von ihr mit auf Gründungsreisen genommen werden, so wie früher auch Johannes mit ihr gereist war. (Über die Stelle „die anderen Heiligen dort" wurde schon viel gedacht und gestritten. Vielleicht, meine ich, schreibt Johannes hier im Stil der Paulus-Briefe.) Catalina de Jesús muß eine jener tatkräftigen Persönlichkeiten gewesen sein, wie Teresa sie besonders schätzte und brauchte. War doch ein großer Teil ihrer Töchter und Söhne ständig in Bewegung, unterwegs für die Reform, so daß die heilige Teresa eine Art von Wanderkloster unterhielt, unvermeidlicher Kontrast zum Ideal strenger Klausur und Ortsgebundenheit im Dienste des kontemplativen Betens.

Wir wissen von Catalina nur, daß sie aus Nordspanien stammte und am 13. Dezember 1572 in Valladolid, im schon vierten Reformkloster, ihre Profeß als „unbeschuhte" Karmelitin abgelegt hatte. Jedoch nicht, um fest in dieses Kloster eingebunden zu sein, sondern um der Ordensmutter für spätere Gründungen zur Verfügung zu stehen. Tatsächlich läßt Teresa sie 1580 nach Palencia übersiedeln, 1582 dann als Subpriorin nach Burgos. Später, nach dem Tode der Ordensmutter, geht Catalina nach Soria, wo sie 1581 bei der Gründung mitgewirkt hatte. Deshalb weiß Johannes nicht, wohin er seinen Brief richten soll.

Von Catalina wird berichtet, sie sei eine spirituell begabte Person gewesen, leidgeprüft, „mit der sich der Heilige (Johannes), wenn er in Kastilien war, in Verbindung zu setzen pflegte" (vgl. EE 1255). Wir wissen nicht genau, wann beide sich kennenlernten, doch sahen sie sich mit Sicherheit im Jahre 1574, als Johannes vor dem Inquisitionstribunal von Valladolid seine Aussage über eine berühmte „besessene" Nonne (María de Olivares aus Ávila) machen mußte.

Der Heilige verstand sich sein Leben lang mit Frauen am besten. Er schätzte ihre Feinfühligkeit, ihre religiöse Begabung, ihre Offenheit für Dichtung und Schöpfungsschönheit. Soweit es an den Frauen lag, wäre er nicht erst 1952 zum Schutzpatron der spanischen Dichter ernannt worden. Vor allem aber spürten sie seine Heiligkeit und sprachen das auch aus, – eineinhalb Jahrhunderte vor seiner durch Intrigen hinausgezögerten Heiligsprechung; allen voran Teresa, wie ihre Briefe beweisen.

Niemand erfüllte so vollkommen Teresas reformerisches Kontemplationsideal wie Johannes, allerdings zu einer Zeit, in der Teresa mehr einen der Vita activa zugeneigten Mönch gebraucht hätte; das gab manchmal Konflikte. Johannes seinerseits litt unter der ständigen Unruhe. Und jetzt unter der fremden andalusischen Mentalität. Teresa verstand, daß er nicht gern in Andalusien war, hatte sie sich doch selbst anläßlich ihres langen Verweilens in Sevilla vor fünf Jahren nicht eingewöhnen können. Die beiden Kastilier fühlten sich dort wie der Preuße in Bayern. Dem Johannes mit seinem exquisiten dichterischen Sprachgefühl ging der silbenschluckende, Konsonanten vertauschende andalusische Dialekt auf die Nerven, die Turbulenz und der Lärm in den großen Städten, die elegante andalusische Geschmeidigkeit.

Zumindest litt er, seit er das karmelitische Studienkolleg in der kleinen, aber schon ruhmreichen Stadt Baeza leitete, in der Juan de Ávila, der „Apostel Andalusiens" und auch von Teresa außerordentlich geschätzte Seelenführer, 1533 eine Universität gründete. Man hatte Johannes bald nach seiner Flucht in Andalusien angesiedelt, um ihn so weit wie möglich von den rabiaten „Beschuhten" in Toledo zu entfernen. Das war so geschehen:

Im Oktober 1578 verließ Johannes sein Versteck, um zu einem Ordenskapitel in Almodóvar zu reisen, einem Ort etwa 100 Meilen südlich von Toledo. Dort fand eine „wilde", d.h. nicht regulär von der Ordensspitze einberufene Tagung statt, die schon die Errichtung einer eigenen „unbeschuhten" Provinz in Spanien erzwingen wollte. Johannes hatte trotz seiner Teilnahme Bedenken, und er enthielt sich darum bei den Entscheidungen der Stimme. Doch auch über sein Schicksal wurde entschieden: man bestimmte ihn zum Prior des Klosters *El Calvario* an der Ostgrenze Andalusiens, nah der Quelle des Guadalquivirs inmitten der wilden Schönheit der Sierre de Segura gelegen.

HOFFNUNG

Johannes ist bei seiner Ankunft nach mühsamer Reise entzückt von der einsamen Lage des Klosters in üppiger Natur, ist es doch ein ganz besonderer „Eremitenkonvent", der seinem verinnerlichten und poetischen Wesen entspricht. Wären da nur nicht Maßlosigkeiten, die ihm einen wahren Horror einflößen. Das Kloster war am 23. Juni 1573 gegründet worden, nicht im Geiste Teresas, sondern im übertriebenen Bußgeiste der Catalina de Cardona, der sich zum Entsetzen Teresas zuerst ihres Klosters in Pastrana bemächtigt hatte und dann von Pastrana-Mönchen in das andalusische Eremitenkloster, in das auch wahre Eremiten des Gebirges eingezogen waren, übertragen wurde. Catalina de Cardona war eine exzentrische „Heilige" und Höhlenbewohnerin in Männerkleidung, mit besten Beziehungen zum Hofe in Madrid, berühmt durch die Maßlosigkeit ihrer blutigen Geißelungen, was der Zeitgeist mit Heiligkeit verwechselte.

Johannes wird an die Calvario-Mönche gedacht haben, als er später in seinem Werk „Dunkle Nacht" von

Exzessen der Anfänger schreibt, „die, angezogen von dem Lustgewinn solcher Übungen, sich mit Geißelungen selber umbringen und sich durch (übermäßiges) Fasten schwächen" (N I, 6,1). Er sagt Lustgewinn nicht nur, weil er die masochistische Geistesverfassung kennt und fürchtet, sondern auch, weil er das Leistungsdenken ablehnt, das sich so leicht in die Askese einschleicht. Bei aller eigenen Neigung zur wahrhaften und somit auch strengen Nachfolge Christi, die nicht einem Leistungsdenken, sondern der Liebe entspringt, sucht er den Geist dieses Büßerklosters aufzulockern und zu erhellen, indem er z. B. seine Mönche zum Gebet ins Freie führt, in die unberührte Schönheit und Größe der andalusischen Landschaft.

Leider war dieser das Wesen des Johannes so ansprechende Aufenthalt im einsamen Calvario-Kloster nur von kurzer Dauer. Schon nach acht Monaten, im Juni 1579, mußte er in das nördlichere Baeza übersiedeln, um dort dem Kolleg als Rektor vorzustehen. Man hielt ihn als für diesen Posten besonders geeignet, weil er schon das Studienkolleg in Alcalá de Henares geleitet hatte. Er selbst war wenig begeistert. Um so mehr sind es die Bewohner der Stadt, von den einfachen Leuten der Straße bis hinauf zu den Theologie-Professoren, die nun in seinen Beichtstuhl und in sein Sprechzimmer strömen, denn sein Ruf als geistlicher Führer ist groß. Dazu kommt die auch wissenschaftlich verantwortungsvolle Leitung des kleinen Studentenkollegs.

Im zweiten Jahr seines Rektorats wird Johannes besonders gefordert durch eine weltweite Grippeepidemie. Fast seine gesamte Umgebung erkrankt. Er geht nicht nur als Besucher und Helfer von Bett zu Bett, er sammelt auch Geld und Lebensmittel zur besseren Pflege der nur schwer Genesenden. Unterdes erliegt seine sehr geliebte Mutter in Medina der Krankheit. Auch die Ordensmutter Teresa hatte die Grippe erfaßt und in hohem Maße geschwächt.

Johannes ist unter allen diesen Umständen in Baeza äußerst tüchtig und aktiv, aber nicht glücklich. Er ist in seinem Gebetsleben, in der ersehnten Unio mystica weit fortgeschritten, aber er erlebt diesen Zustand anders als Teresa, deren Aktivität zu ihrer Freude mit der Gottesnähe wächst. In seinem „Geistlichen Gesang" sagt er es sehr deutlich: Solange man noch nicht zur Unio mystica gelangt ist, braucht man den Wechsel zwischen dem aktiven und dem kontemplativen Leben. Hat man sie jedoch erreicht, so „ist es nicht mehr richtig, sich mit äußeren Übungen und Tätigkeiten zu befassen. Denn selbst wenn man mit ihnen Gott einen großen Dienst erweist, beeinträchtigen sie doch das Wirken der Gottesliebe. Nur ein wenig von dieser reinen Liebe ist aber im Interesse Gottes und der Seele notwendiger und für die Kirche nützlicher als alle äußeren Werke zusammengenommen, auch wenn es so scheint, als geschehe nichts. Es gibt kein Werk, das besser und notwendiger wäre als das der Liebe" (CB 29, 1).

Der Heilige hofft darum, daß man ihm nach Ablauf seines Rektorats im Jahre 1581 mehr Freiheit geben und ihm gestatten werde, sich wieder im heimatlichen Kastilien niederzulassen.

Er hat zu dieser Hoffnung begründeten Anlaß, weil sich der Orden im März neu organisiert. Den Anfang setzt das erwähnte Kapitel von Alcalá, das die eigene Ordensprovinz konstituiert und Teresas Favoriten, Pater Jerónimo Gracián, zum Provinzial wählt. Teresa jubelt über ihren Sieg. Und sie richtet ihre erste Bitte an den Neugewählten im Interesse des Johannes vom Kreuz, der sich brieflich an sie gewandt hatte. So schreibt sie nun gleich nach dem Kapitel, Pater Gracián möge ihr doch mit Gottes Hilfe noch einen „Osterkuchen" schenken und sich nicht ablehnend verhalten, denn „Sie sollen wissen, daß ich vorher (vor dem Kapitel) Johannes vom Kreuz, der so ungern in Andalusien ist, weil er die Art der Leute dort nur schwer erträgt, getröstet habe. Ich habe ihm gesagt, wenn Gott uns eine eigene Provinz geben würde, wolle ich mich bemühen, ihn nach Kastilien zurückzuholen. Nun fürchtet er, man könne ihn wieder zum Rektor in Baeza wählen, und bittet mich um die Erfüllung meines Versprechens. Er schreibt mir, ich möge Sie doch bitten, ihm eine solche Wahl nicht zu bestätigen. Ich meine, wenn es irgend möglich ist, sollte man ihm, der schon genug gelitten hat, doch diesen Trost gewähren" (Carta 361).

Gracián erspart zwar dem Johannes ein erneutes Rektorat, aber den Kern der Bitte schlägt er ab: Johannes soll weiter in Andalusien und in Ämtern bleiben, er bestätigt seine Wahl zum dritten Definitor (Ordensrat) und sieht ihn als Prior für Granada vor. Bis dahin soll er noch in Baeza sein Rektorat weiterführen.

Man braucht dabei Pater Gracián keinen schlechten Willen zu unterstellen. Er ist gerade durch seine Begabung für die Vita activa Teresa die größte Hilfe. Diese Begabung läßt ihn auch anderen das Apostolat zuteilen, das er am besten verstehen kann. Auch will der schon in jungen Jahren zu Ehren Gekommene beweisen, daß er des hohen Amtes würdig ist. Kann er dann ganz einfach dem nachgeben, was eine alte Frau unbedacht versprochen hat?

NACHTGEDANKEN

So ist nun also Johannes ungern in Baeza, als er seinen Brief an Catalina schreibt. Er schreibt im Dunklen und ins Dunkel. Und wartet auf sein Licht. Finsternis, Dunkel oder, wie er am liebsten sagt, die Nacht spielen eine führende Rolle in seinen Gedichten und Schriften. Gut zwei Jahre zuvor, im einsamen Calvarienkloster, hatte er begonnen, seine Prosawerke zu schreiben, die von der Lyrik ausgehen. „Aufstieg zum Berge Karmel" heißt das erste Werk, und es ist ein nächtlicher Aufstieg, denn seine Wegstrecken sind eingeteilt in die „aktive Nacht des Sinnes" und die „aktive Nacht des Geistes". Dem folgt dann konsequent das nächste Werk, betitelt „Dunkle Nacht", das die passiven Nächte behandelt, erlittenes Wirken Gottes. Zwei umfangreiche Bücher, deren Keimzelle ein einziges Gedicht ist, das anhebt mit dem Vers: „En una noche oscura" – „In einer dunklen Nacht", geschrieben in oder wahrscheinlicher bald nach der toledanischen Gefangenschaft.

Schon dieser kurze Blick zeigt, daß es sich bei der Nacht um ein sehr komplexes Symbol handelt. Auch ist es nicht, wie man oft meinte, eine Erfindung des Johannes. Die Nacht als Symbol religiöser Läuterungen, als

Symbol menschlicher Begrenzung, als Bild kontemplativer Erfahrung hat – soweit man es nicht überhaupt ar-
chetypisch sehen muß – klare Vorläufer bei den frühen
Kirchenvätern und, noch ausgearbeiteter, bei den isla-
mischen Mystikern, die sich Sufis nannten. Spaniens
Geistesgeschichte ist reich an ihnen, und ihre Gedanken breiteten sich so nachdrücklich, aber unbeweisbar
aus, wie etwa die Ideale der Troubadourlyrik, die wiederum mit dieser Mystik in Verbindung stand. Die Situation des einsam Liebenden, der eine Erfüllung
ersehnt, deren entrückte Höhe seine Möglichkeiten
übersteigt, läßt sich auch auf die Beziehung zum unfaß-
baren Gott übertragen. In der spanischen Mystik des
16. Jahrhunderts begegnen wir immer wieder dieser ly-
rischen Haltung, die es erlaubt, den Ausdruck weltli-
cher Liebesdichtung für den religiösen Bereich geltend
zu machen. Dichten „a lo divino" nannte man das, was
nicht, wie man manchmal in Übersetzungen liest, bedeutet „an das Göttliche", sondern „auf geistliche Art".
Ähnlich deutete später Bach Liebeslieder in Passions-
musik um, der gleiche Geist, das gleiche Verfahren.

Natürlich läßt sich das auch wieder herumdrehen:
man spricht eine weltliche Erfahrung im geistlichen Stil
aus, so wie es dem Johannes in seiner Verlassenheit geschieht, die er empfindet, weil er nicht in Kastilien sein
darf.

Die Einleitung für das Nachtmotiv ist in diesem Brief
die Erinnerung an das dunkle Gefängnis in Toledo, an
die mit dem Jona vergleichbare Situation im Bauche des
Wals, die Johannes hier zitiert. Ein großes Symbol für
Läuterungsgeschehen, komplex wie die Nacht, in dem

aus Selbstzweifeln Glaube, aus Angst und Verlassenheit Hoffnung und Liebe wird. Und aus Tod Auferstehung. Jona war in diese Situation gekommen, weil er seiner Berufung nicht gefolgt war. Als er die Wahrheit erkannte, jubilierte er schon im Bauche des Wals mit Lobeshymnen auf den Herrn. Als Johannes sich so lange gefangen und mißhandelt sah, waren schlimmer als alles das seine Selbstzweifel: War auch er der Berufung untreu, war er den falschen Weg gegangen, als er Teresas Habit anzog? Aber er kommt zur Gewißheit, die ihm am Ende Kraft gibt zur abenteuerlichen Flucht:

„In dunkler Nacht, da Feuer
der Liebe mich entflammt, bin voll Verlangen –
o selig Abenteuer! –
ich heimlich fortgegangen.
Von tiefem Frieden war mein Haus umfangen."

So dichtete Johannes nach seiner Flucht. Im Gefängnis aber sang er wie Jona, die Nacht war ihm zum Licht geworden, er hatte Gottes Liebe erfahren, er sah wieder seinen Weg. Und er dichtete die ersten Strophen seines großen Liebeslieds, des Geistlichen Gesangs, bei dem das Hohelied der Bibel Pate stand, aber auch die Liebeslyrik seiner Zeit, in der der troubadourverwandte Petrarca tiefe Spuren hinterließ. Was tat Johannes als erstes nach seiner Flucht? Er las den ihn beherbergenden Schwestern seine Strophen vor. Seltsam mag es ihnen geklungen haben, dieses sinnenberauschte Liebeslied!

An alles dieses muß er sich jetzt erinnern, da er der offensichtlich geschätzten und verehrten Schwester Catalina in ihre dunkle Ferne schreibt. Ein wenig ist er wieder Jona, fragt nach seiner Berufung, denkt in Baeza an die Finsternis des Fisches. Ein wenig, darum mag er auch nicht weiterschreiben. Denn auch ein Seelenführer hat ein verwundbares Herz.

DER SPIEGEL

An Ana de San Alberto, Caravaca

Granada 1582 (Fragment)

... sagen Sie mir nichts. Ich aber sage Ihnen, seien Sie nicht so unklug, sich mit Ängsten zu tragen, die Ihr Herz mutlos machen. Geben Sie Gott, was er Ihnen schenkt und täglich schenkt. Sie wollen doch nicht etwa Gott nach Ihrem Maße messen! Das darf nicht sein. Halten Sie sich bereit, denn Gott will Ihnen eine große Gnade erweisen.

Einige Monate später (Fragment)

... wie lange, liebe Tochter, wollen Sie sich noch auf fremde Arme stützen? Ich möchte Sie ledigen Geistes sehen, so frei von allem Sichanklammern, daß die ganze Hölle nicht ausreicht, um Sie zu ängstigen. Was sind denn das für unangebrachte Tränen, die Sie da weinen? Und wieviel kostbare Zeit wollen Sie noch mit Ihren Skrupeln vergeuden? Wenn Sie mir mitteilen möchten, was Sie plagt, so stellen Sie sich vor den makellosen Spiegel des ewigen Vaters, seinen Sohn. In diesem Spiegel erblicke ich jeden Tag Ihre Seele, und sie würde getröstet sein über das, was ich da sehe und würde wissen, daß es keinerlei Anlaß gibt, an der Tür armer Leute zu betteln.

Es war vermutlich im Januar des Jahres 1582, als Johannes zum ersten Male in Granada den Berg zum Kloster Los Mártires hinanstieg, südöstlich nahe der berühmten maurischen Alhambra, die vom Kloster nur durch eine nicht zu tiefe Schlucht getrennt ist. Heute findet man an dieser Stelle einen Park mit vielfältigem alten Baumbestand, Landschaft und Blick sind von einmaliger Schönheit.

Der Ort war so recht nach dem poetischen und naturbegeisterten Herzen des Heiligen, der im Kloster dringend erwartet wurde, denn es hatte keinen Prior. Das Kloster war 1573 gegründet worden im Anschluß an eine von Königin Isabel der Katholischen gestiftete Kapelle, die den Namen „Los Mártires" erhielt nach dem „Felde der Märtyrer", einer Gegend mit natürlichen unterirdischen Gängen, wo die Mauren Christen gefangenhielten.

Die Übernahme des Priorats war für Johannes mit einer tiefen Enttäuschung verbunden gewesen. Ursprünglich sollte er die Mutter Teresa in Ávila abholen, um mit ihr Ende des Jahres 1581 das Frauenkloster in Granada zu gründen, zu dessen Priorin Ana de Jesús (Lobera) bestimmt wurde. Groß war die Freude des Heiligen, der sich noch kürzlich bei Schwester Catalina beklagt hatte, weil er nach all dem Elend in Toledo Teresa noch nicht wiedersah, daß er nun als ihr Mitarbeiter mit ihr reisen sollte. Aber es kam anders. Während Johannes schon nach Ávila unterwegs war, entschied sich Teresa für ihre Anwesenheit bei der schwierigen geplanten Gründung in Burgos. Der gewandte Gracián mit seinen guten Beziehungen in dieser Stadt sollte sie begleiten. Johannes mußte ohne die Mutter wieder abreisen, „gesenkten Hauptes", wie man verständlicherweise berichtete. Die begabte Ana de Jesús wurde beauftragt, die Gründung in Granada vorzunehmen. Sie lebte dort als Priorin, bis man sie 1586 nach Madrid holte. Johannes, ab Januar 1582 Prior im Konvent Los Mártires, blieb sogar bis 1588. Es waren, ehe man ihn im April 1585 zum andalusischen Provinzialvikar ernannte, relativ ruhige Jahre. Dann folgten sehr bewegte durch die Klostergründungen in Málaga (1585), Madrid, Córdoba, La Manchuela (heute: Mancha Real), Caravaca (1586) und Bujalance bei Córdoba (1587). Doch zuvor fand Johannes Zeit und Gelegenheit zur Fortführung, ja, Vollendung seiner in La Peñuela begonnenen Werke, wenn er auch bis zu seinem Tode noch manches überarbeitete, vor allem immer wieder den „Geistlichen Gesang", das zentrale, seinem Herzen am nächsten stehende Werk (vgl. Kapitel „Die Krone").

Die Schriften gedeihen im unmittelbaren Kontakt mit den Ratsuchenden, die sich vor seinem Beichtstuhl und dem Sprechzimmer drängen wie zuvor die Bewohner von Baeza. Da Granada die letzte Bastion in maurischer Hand war, die erst 1492 fiel, im Jahre der Entdeckung Amerikas mit seinen zahllosen neuen Problemen, kommen viele „Neuchristen" maurischer Abstammung zu Johannes. Ob er von ihnen auch Anregungen erhielt für seine oft erstaunlich orientalischen Bilder und Metaphern, ist ein bis heute ungelöstes Rätsel. Auf jeden Fall aber entwickelt er aus seiner

Praxis die Prinzipien der Seelenführung, die er vor allem in seinem letzten Werk, der „Lebendigen Flamme der Liebe", darlegt.

Gewiß benutzt er dazu auch das Wissen und die Sprache der Tradition, seine Studienzeit ist nie vergessen. Aber wichtiger als diese ist doch die Basis eigener *Erfahrung,* ohne die weder Weisheit noch Unterscheidungsfähigkeit zu erwerben sind. Denn das sind die drei Kriterien, die den guten geistlichen Führer ausmachen, er muß *erfahren, weise* und *unterscheidungsfähig* sein. Aber auch die Erfahrung seiner Beichtkinder (und nicht zuletzt die der ihm in Ávila so lange anvertrauten Teresa de Jesús) wird in diesen Basisschatz einbezogen. Das ist wichtig, weil die eigene Erfahrung nicht verabsolutiert werden darf, der geistliche Führer hat sich den jeweiligen individuellen Gegebenheiten anzupassen. Denn „Gott führt die Seelen auf sehr verschiedenen Wegen, so daß die eine Weise kaum auch nur halbwegs mit der anderen übereinstimmen wird" (L 3,59). Größte Behutsamkeit ist hier am Platze, denn auch am Anfang, wenn der geistliche Führer dringend benötigt wird, muß er sich doch, so betont Johannes, immer als bloßes Werkzeug des Heiligen Geistes verstehen, er weist nur die Richtung, damit die Geführten durch den Glauben und die Gebote Gottes zur Fülle der Gnade (Vollkommenheit) gelangen, ganz verschieden je nach dem Geiste, den Gott ihnen gibt.

Johannes widmet ein langes Kapitel dem Schaden, den unerfahrene Seelenführer anrichten können, sie sind dann wie Blinde, die sich anmaßen, andere Blinde zu führen. Sie sind schlimm und gefährlich wie der Teufel (vgl. L 3, 29).

Wenn Johannes vom geistlichen Führer neben der Erfahrung auch *Weisheit* fordert, so versteht er sie im Sinne der Sprüche des Alten Testaments. Sie ist „der ungetrübte Spiegel von Gottes Kraft" (Weish 7, 26). Sie kennt die Bedingungen für ein Wachsen in Glaube, Liebe und Hoffnung, sie kommt aus der Tiefe des lauteren Herzens, die dem Heiligen Geist vorbehalten ist. Weisheit hilft, die verdunkelnden Hindernisse auszuräumen, denn „Gott steht wie eine Sonne über den Seelen, um sich ihnen mitzuteilen" (L 3, 47).

So nötig wie Erfahrung und Weisheit ist die Gabe der *Unterscheidung*, damit der geistliche Führer die Aussagen und Verhaltensweisen der ihm Anvertrauten recht einzuordnen versteht. Er muß nicht nur erkennen, „wes Geistes Kind" er vor sich hat, er muß auch sehen, wofür die Zeit reif ist (vgl. L 3, 32). Das gilt insbesondere für die verschiedenen „Gebetsstufen", die nicht wie erreichte „Plateaus" zu denken sind, sondern als Übergänge von sehr vielfältiger Erscheinungsform. Vor allem der ganz entscheidende Fortschritt von der Meditation zur Kontemplation wird von dem Betroffenen oft als Rückschritt empfunden. Erscheinen doch seine natürlichen Fähigkeiten wie blockiert, während er noch nicht wahrnehmen kann, daß Gott in ihnen zu wirken beginnt. Johannes gibt darum sowohl in seinem „Aufstieg" wie in der „Dunklen Nacht" die Merkmale für diesen Übergang an (vgl. S II, 13 und N I, 9).

Wichtig ist bei dem Vergleich der Merkmale, daß mit den negativen auch positive einhergehen. Mit dem Gefühl der Verlassenheit eine zart aufkeimende Liebe, mit dem Bewußtsein des Verlustes und der Unfähigkeit tiefer Friede. Diese positiven Wahrnehmungen sind schon eine Art „Spiegel von Gottes Kraft", dem die Weisheit vertraut.

Ana de San Alberto, an die Johannes seine beiden fragmentarisch überlieferten Briefe richtet, befindet sich offenbar in so einer schwierigen Phase des Übergangs. Sie trägt sich mit Ängsten, während Gott sie beschenkt; und Johannes prophezeit ihr eine große Gnade, denn seine erfahrene und weise Unterscheidungsgabe erkennt in den Ängsten das erste Dämmern des Tages. Ana dagegen erfährt nur das Dunkel der noch andauernden Nacht und weiß nicht, daß sie in den Monaten, die zwischen den beiden Briefen liegen, die große Gnade erfuhr, die Johannes ihr ankündigte: Gott hat in ihrem Gebet und – immer auch darüber hinaus – in ihrem Leben die Führung übernommen. Sie aber wagt es noch nicht, sich loszulassen, blickt nur auf ihre schwindenden natürlichen Fähigkeiten und sucht menschliche Hilfe, wo nur noch Gott zuständig ist.

Johannes sagt ihr das alles so unverblümt und zuversichtlich, weil er sie gut kennt. Sie kam schon 1569 in das Kloster ihrer Geburtsstadt Malagón, half Teresa bei den Gründungen von Beas und Sevilla und wurde im Januar 1576 als Priorin in Caravaca eingesetzt. Teresa schrieb: „Ich wollte dort jemanden zur Priorin haben, auf dessen Tüchtigkeit ich vertrauen konnte, denn sie ist sehr viel besser als ich" (F 27,8).

Caravaca, östlich von Beas, gehört schon zur Provinz Murcia. Das Nonnenkloster war so einsam gelegen, daß Johannes dort 10 Jahre später zum Schutze der Schwestern ein Mönchskloster gründete. Teresa hatte ihn schon zu ihren Lebzeiten gebeten, sich seelsorgerisch um die Schwestern zu kümmern, und schrieb am 13. Januar 1580 an Ana de San Alberto: „Liebe Tochter, denken Sie, er sei ich. Öffnen Sie ihm vertrauensvoll ihr Inneres. Seien Sie froh, ihn zu haben, denn er ist ein Mensch, dem Gott seinen Geist mitgeteilt hat" (Carta 304). Johannes wanderte von Baeza aus zweimal die 170 Meilen bergauf und bergab, um der Priorin Ana und ihren Töchtern persönlich zu begegnen.

So sind denn auch die beiden Briefe aus einer tiefen Vertrautheit heraus geschrieben, aus der Vertrautheit einer schon über zwei Jahre andauernden Führung. Und Johannes sieht jetzt den Augenblick gekommen, da seine geistliche Tochter Ana (die meisten Frauen, die er schätzte, hießen Ana, wie auch sein erstes Kloster der heiligen Ana geweiht war!) nicht mehr die Hand ihres geistlichen Führers ergreifen soll, sondern die Hand Gottes, die sich ihr über den Abgrund des Nichtverstehens entgegenstreckt.

Wenn Johannes sich jetzt auch gezwungen sieht, die Fortgeschrittene Gottes Führung zu überlassen und sich selbst zurückzunehmen, entzieht er ihr doch nicht seine Liebe. Er tröstet sie als der weise Führer, verweist sie auf den Spiegel von Gottes Kraft und Gottes Liebe. Er greift die Spiegelsymbolik in einer ganz besonderen

Weise auf, die an spanische Traditionen erinnert. Denn im allgemeinen verbildlichte das Symbol des Spiegels die Seele, die, wenn sie rein und klar ist, Gott widerzuspiegeln vermag.

Ramon Llull aber, der große katalanische Mystiker des Mittelalters, drehte das Bild um: Jesus Christus in seiner am Kreuz geoffenbarten Liebe ist der Spiegel, in dem sich die Seele erblickt:

„Herr, den wir lieben, Herr, dem wir dienen, Herr, den wir ehren! Wie eine Frau im Spiegel die Schönheit oder Häßlichkeit ihres Angesichts erblickt, erkennt dein Diener vor deinem Kreuz alles Schöne und Abstoßende in seiner Seele. Das geht so zu, mein Herr: Schaue ich auf das Kreuz, so füllen sich meine Augen mit Tränen, und mein Herz ist voll von Liebe, Anbetung und Gedenken deiner heiligen Passion. Dann vermögen meine geistigen Augen in mir wachsende Schönheit und Reinheit wahrzunehmen" (vgl. S. 89).

Auch Ana de San Alberto, so empfiehlt es Johannes vom Kreuz, soll sich täglich im Spiegel des Gottessohnes betrachten. Aber um der Liebe willen legt er sein Gleichnis trinitarisch an: Im Sohn ist auch der Vater gespiegelt, was bedeutet, daß beide im Heiligen Geist verbunden sind. Und in diesem Geiste der Liebe schaut auch Johannes in den Spiegel und erblickt darin Ana, seine geistliche Tochter, sofern sie sich vor diesen Spiegel gestellt hat.

Daraus ergibt sich eine ganz neue, beglückende Verbundenheit in Gott. Ana ist weder göttlich noch menschlich verlassen. Sie kann getrost den scheinbar so dunklen Weg weitergehen, auf dem Gott sie verborgen, aber in Liebe führt. Das Spiegelgleichnis läßt sie auch das Ziel des Weges ahnen. Das Empfangende, so sagte es die Philosophie ihrer Zeit, muß dem Empfangenen gleichförmig werden. Gott macht diese Gleichförmigkeit möglich in dem unendlichen Prozeß wachsender Übereinstimmung des Liebens und Wollens. Das ist es letztlich, was Johannes so tröstlich in dem trinitarischen Spiegel erblickt, der Ana de San Alberto in Jesus Christus geschenkt wurde.

DIE KRONE

An die Unbeschuhten Karmelitinnen in Beas

Málaga, den 18. November 1586

Jesus sei in Ihren Seelen, meine Töchter!

Denken Sie, da Sie mich so stumm sehen, ich hätte Sie nicht mehr im Sinn? Oder ich hörte etwa auf zu überlegen, wie Sie auf sehr leichte Weise heilig werden können, um sich glücklich und sicher Ihres geliebten Bräutigams zu erfreuen? Ich werde demnächst zu Ihnen kommen, und dann sollen Sie sehen, daß ich Sie nicht vergessen habe. Wir werden den reichen Gewinn der reinen Liebe erkennen und die Pfade, die zum ewigen Leben führen, und die wunderbaren Schritte, die wir in Christus tun, dessen Bräute seine Krone und ganze Freude sind. Eine Krone, die nicht auf dem Boden herumrollen sollte, sondern die würdig ist, von Engeln und Seraphim in die Hände genommen und ehrfürchtig und huldigend dem Herrn aufs Haupt gesetzt zu werden.

Wenn das Herz sich wertlosen Dingen zuwendet, so rollt die Krone auf dem Boden, und jeder Umwert gibt ihr einen Fußtritt. Wenn aber der Mensch sein Herz erhebt, wie David sagt, dann wird Gott verherrlicht durch die Krone der Hoheit des

Herzens seiner Braut, die ihn krönt am Tage seiner Herzensfreude (Hl 3, 11), am Tage, da es seine Freude ist, bei den Menschen zu sein (Spr 8, 31). Die Quellen der inneren Seligkeit
entspringen nicht auf der Erde. Himmelwärts muß man den
Mund der Sehnsucht richten, leer und frei von jedem anderen
Wunsche, zu dem hin, der mir sagt: „Tu deinen Mund auf! Ich
will ihn füllen" (Ps 81, 11).

Wer also Geschmack an anderem findet und sich nicht frei-
hält, damit Gott ihn mit seiner unsagbaren Seligkeit erfülle, der
wird Gott wieder so verlassen, wie er zu ihm kam, nämlich mit
besetzten Händen, die nicht ergreifen können, was Gott ihnen
geben will. Der Herr bewahre uns vor solchen schlimmen Be-
hinderungen, die so süße und köstliche Freiheiten beeinträchtigen! Dienen Sie Gott, meine geliebten Töchter in Christo, folgen
Sie in Geduld und Schweigen den Spuren der Selbstentäußerung, und seien Sie gern bereit, allen Gelüsten ein Ende zu bereiten; lassen Sie alles Störende sterben, damit der Heilige
Geist in Ihnen auferstehe und in Ihren Seelen wohne, amen.

Johannes ist nicht nur Prior in Granada, sondern seit Oktober 1585 auch andalusischer Provinzialvikar. In dieser Eigenschaft besucht er im November 1586 das Kloster in Málaga. Als er von dort an die Schwestern in Beas de Segura schreibt, besteht dieses Kloster schon über 11 Jahre. Teresa hatte es im Februar 1575 gegründet, obwohl sie das nicht durfte, weil sie keine Gründungserlaubnis für Andalusien besaß. Sie gründete aber – wie sollte es anders sein – guten Gewissens, denn landesrechtlich gehörte Beas zu Kastilien. Nur kirchenrechtlich, und das war für Klostergründungen entscheidend, gehörte es zu Andalusien. Als sich das herausstellte, war das Kloster aber bereits eingeweiht und bezogen, jetzt hieß es, dazu zu stehen. Darum reiste Teresa im Mai noch einmal nach Beas, und ihr Fehler stellte sich als „felix culpa" heraus, denn sie lernte bei dieser Gelegenheit den 30jährigen Pater Gracián de la Madre de Dios kennen, schon mit hohen Ämtern und Verantwortungen in Teresas Reformorden betraut, in den er erst 1573 eingetreten war. Teresa hatte zu ihm von Anbeginn in brieflichem Kontakt gestanden. Nun begegnete sie ihm zum ersten Male persönlich, und es war Liebe auf den ersten Blick. Teresas große Liebe, rein menschlich gesprochen.

Später spielte dieses Kloster noch einmal eine traurige Rolle in ihrem Leben. Gracián mußte wegen einer mißverständlichen Schwierigkeit mit der Inquisition dorthin eilen, als Teresa ihre letzte Reise nach Alba de Tormes antrat, die Reise in die Ewigkeit. So hatte sie in ihrer Todesstunde den ganz persönlich erwählten Beichtvater und Freund nicht bei sich, der seinerseits die für ihn unerwartete Todesnachricht in Beas tief erschüttert empfing.*

Johannes vom Kreuz kommt zum ersten Male nach Beas, als er im Oktober 1578 zum Kloster El Calvario reist, um dort das Priorat zu übernehmen. Die Reise von Almodóvar in Kastilien ist lang, Juan reist per Maultier (kürzere Reisen macht er stets zu Fuß), er folgt dem einstigen Weg der Mutter Teresa und rastet bei den Nonnen in Beas, zwei Meilen vor seinem Ziel in der Sierra de Segura. Ana de Jesús (Lobera), Teresas berühmteste, begabteste und eigenwilligste Priorin, hatte er schon 1570 als Novizin in Mancera kennengelernt. Sie wird in späteren Jahren Teresas Reformwerk nach Frankreich und Belgien tragen.

Ana, schön und selbstbewußt, wurde schon in ihrem Heimatort Medina del Campo „die Königin" genannt. Sie war also Kastilierin, Johannes freute diese „Nähe". Sie ihrerseits war entsetzt über sein elendes Aussehen, Folge der toledanischen Gefangenschaft und der langen anstrengenden Reise. Er konnte bei seiner Ankunft, so berichtete sie, vor Erschöpfung kaum sprechen (vgl. Brenan 54). Er überraschte die Nonnen durch eine einstündige Ekstase, in die er beim Anhören eines Liebesliedchens fiel – nach außen hin eine Erstarrung, in der er nichts mehr wahrnam. Aber keine Trance, dieser Ausdruck wäre unangebracht, weil in der Ekstase das Bewußtsein nicht getrübt, sondern überklar

---

* Vgl. Erika Lorenz, Nicht alle Nonnen dürfen das, Herderbücherei Nr. 1090.

ist, wenn auch von der Außenwelt abgeschirmt. Und als die Erde ihn wiederhatte, kam die zweite Überraschung, denn er erklärte, er habe noch nicht genug gelitten. Die Schwestern hatten genau den gegenteiligen Eindruck.

Priorin Ana war zunächst von ihm nicht begeistert, was ihr eine briefliche Rüge Teresas eintrug. Zudem war der in seinen Kräften so reduzierte Johannes ein Winzling, noch nicht einmal 1,50 Meter groß, was trotz seiner schönen dunklen Augen die männliche Attraktivität minderte.

GEISTLICHER GESANG

Priorin Ana und die Nonnen in Beas brauchen also etwas Zeit, um zu erkennen, welch ein hoher Gast in ihrem Hause weilt. Aber dann ist die Liebe groß. Teresas Anweisung, Johannes möge dem Kloster als Beichtvater dienen, gibt bald Gelegenheit zu wirklichem Kennenlernen, denn nun wandert er jeden Samstag die zwei langen Meilen von El Calvario nach Beas, zuerst immer bergauf, dann, nach dem Blick auf ein herrliches Gebirgspanorama, immer bergab, fröhlich singend und pfeifend, ist man versucht zu sagen, was bei ihm aber heißen muß: singend und dichtend.

Bald ist der Kontakt zu den Schwestern herzlich, liebevoll seitens des Johannes, geradezu schwärmerisch begeistert seitens der Schwestern. Denn Johannes hat begonnen, ihnen seine Gedichte vorzulesen – und überhaupt erfahren sie Wochenende für Wochenende, was es heißt, einen Beichtvater zu haben, dessen Herz von Liebe überquillt. Johannes ist sehr glücklich in dieser Zeit, er hat endlich im Calvarienkloster Muße zum Schreiben, und der „Aufstieg zum Berge Karmel" ist schon begonnen – vielleicht nicht ohne heimliche Reminiszenzen an seine samstägliche Bergwanderung nach Beas. So will er auch gern dem Wunsche der Schwestern entsprechen, als sie ihn bitten, ihnen schriftlich die Strophen des „Geistlichen Gesanges" zu erklären, die berückend schön, aber nicht unbedingt verständlich sind. Dichtet doch hier Johannes wieder „a lo divino", wobei das Hohelied der Bibel zwar Pate steht, aber doch in eine ganz neue und eigene Dichtung verwandelt wird. Die „Umwandlung", die Johannes für den gottbestimmten Menschen fordert, spiegelt sich in seiner Art des Dichtens, deren Sinnenhaftigkeit die liebende Gotteserfahrung meint.

So beginnt Johannes seinen „Cántico Espiritual" zu kommentieren. Auch die „Dunkle Nacht" war schon ein Kommentar gewesen, nur den Versen folgend, während der „Aufstieg zum Berge Karmel" noch seine eigene Traktatstruktur hatte, in nur losem Zusammenhang mit dem Gedicht. Im Cántico, dem vielleicht schönsten, intensivsten Werk des heiligen Johannes, erscheint die Lichtseite des kontemplativen Wegs in ihrem vollen Glanz.

Als der Kommentar fertig ist, widmet Johannes seinen „Geistlichen Gesang" der Priorin Ana de Jesús, der innere Kontakt ist inzwischen – wir schreiben jetzt das Jahr 1584 – ein sehr guter geworden. Beide leiten seit Beginn des Jahres 1582 die Klöster in Granada, und so wohnen diese begabtesten Kinder der Mutter Teresa nah beieinander. Johannes muß nur die Anhöhe hinabsteigen, um sein Werk zu überreichen, dessen Prolog ein wichtiger Schlüssel zu seinem mystischen Dichten ist. Johannes schreibt:

„Da diese Strophen, Ehrwürdige Mutter, wohl mit einer glühenden Liebe zu Gott geschrieben sind, dessen Weisheit und Liebe das All von einem Ende zum anderen durchwaltet, wie es im Buch der Weisheit heißt (Weish 8,1), und da die Seele von dieser Fülle so erfaßt und bewegt ist, daß sie sich auch in ihrem Sprechen äußert, möchte ich hier nicht versuchen, die ganze Weite und Vielfalt zu erklären, die der von Liebe beflügelte Geist in diese Strophen legte.

Es wäre sogar Unwissenheit, zu meinen, man könne diese Worte der Liebe im mystischen Sinne – wie es doch in diesen Strophen hier gegeben ist – mit irgendwelchen Reden erklären. Denn der Geist des Herrn, der sich, wie der heilige Paulus sagt, unserer Schwachheit annimmt, wohnt in uns und tritt für uns ein mit Seufzen, das wir nicht in Worte fassen (Röm 8,26), das wir weder begreifen noch ausdrücken können. (...)

Darum verhüllen sie eher das Gefühlte mit Vergleichen, Metaphern und Bildern und übersetzen die Fülle des Geistes in geheimnisvolle Rede, als daß sie eine rationale Erklärung versuchen. Liest man all diese bildhaften Umsetzungen nicht im schlichten Geiste der Liebe und Meinung, die sie beseelt, so scheinen sie eher unsinnig als sinnvoll, wie es sich am Hohenlied Salomons und anderen Büchern der Heiligen Schrift zeigt, in denen der Heilige Geist, der seine Sinnfülle

65

nicht in der banalen Alltagsrede ausdrücken kann, geheimnisvoll spricht in ungewohnten Gleichnissen und Bildern. (...)

Da nun also diese Strophen aus der Fülle einer Liebe im mystischen Sinne geschrieben wurden, sind sie weder in adäquater Weise zu erklären, noch läge eine solche Erklärung in meiner Absicht. Ich möchte sie nur ganz allgemein ein wenig erhellen, (worum Sie, Ehrwürdige Mutter, mich ja auch baten). Ich halte das auch für besser, weil man solchen Worten der Liebe ihre ganze Verstehensbreite belassen soll, damit sie ein jeder auf seine Weise und dem eigenen Geiste entsprechend für sich fruchtbar machen möge, statt daß man sie auf *einen* Sinn verkürzt und festlegt, der nicht nach jedermanns Geschmack sein kann. Und darum, auch wenn ich hier einige Erklärungen versuche, sind sie doch nicht bindend gemeint, denn die mystische Weisheit, zu der man durch jene Liebe gelangt, von der die Strophen handeln, muß nicht verstandesmäßig erfaßt werden, um in der Seele eine Wirkung von Liebe und Neigung zu erzeugen, denn sie verfährt nach der Art des Glaubens, durch den wir Gott lieben, ohne ihn zu erkennen. (...)

Ich möchte mich bei meinen Erläuterungen weder auf die eigene Erfahrung stützen noch auf die anderer geistlicher Personen, die ich kannte oder von denen ich hörte (wenn ich auch das eine oder andere davon verwenden will), sondern auf die Autorität der Heiligen Schrift, die zumindest das besonders schwer zu Verstehende erklären und bestätigen möge."

Was der heilige Johannes hier erläutert, gilt für sein

ganzes mystisches Werk: Er setzt das letztlich Unsagbare seiner mystischen Erfahrung in die Bild- und Symbolsprache eines Gedichtes um, in das unmittelbar Bewegende von Klang, Rhythmus und Zeitmaß, weil auch ein Gedicht, ein Kunstwerk das rational Aussagbare übersteigt. Er setzt also das eine Geheimnis in ein anderes um, jedoch mit dem Vorteil, daß ein Gedicht menschlich zugänglich ist, mehr oder weniger „einfühlbar" je nach der Persönlichkeit und Lebenserfahrung des Deutenden.

Auch die Kommentare des Johannes sind also keine letztgültige Auslegung. Er verwendet dabei ein scholastisches Vokabular, um etwas ganz Unscholastisches, nämlich die eigene mystische Liebeserfahrung zu schildern. Die eigene und die anderer, aber eben doch mit Betonung auf Erfahrung, weshalb er selten weitere Autoren, um so mehr aber die Heilige Schrift heranzieht, die ja ebenfalls nicht nur zu lesen, sondern zu leben ist.

Dabei ist es für uns heute erstaunlich, was Johannes seinen „Beichtkindern", in diesem Falle den Nonnen von Beas, an Verständnis zutraute. Aber das gleiche galt ja schon früher etwa für einen Tauler, dessen Predigten – für uns heute schwierig, dunkel, gar Unmögliches verlangend – durchaus für die Normalchristen gedacht waren, für Ordensleute wie für Laien.

So wußte auch Johannes vom Kreuz, der übrigens Tauler besonders schätzte, daß man seinen nicht eben anspruchslosen „Geistlichen Gesang" in dem Kloster, das er so gern betreute, verstehen werde. Denn auch die in ihrer Epoche mit nur geringen Bildungsmöglichkeiten versehenen Schwestern lernten aus ihrer eige-

nen, von Liebe getragenen Gebetserfahrung. Das
Verstehen des Herzens war viel ausgebildeter als in un-
serer Zeit. Von der heiligen Teresa lernten viele große
Theologen.

Man liest heute seitens der Wissenschaft manchmal
Klagen, daß Johannes so wenig Gebetsanleitung gebe.
Zu Unrecht, denn sein ganzes Werk ist eine einzige Gebetsanleitung. Aus der Praxis für die Praxis gedacht
(keineswegs im Blick auf einen späteren Druck), steht
hinter den Aussagen des Werkes immer die Absicht
des Seelenführers. Daher auch manchmal das Krasse,
uns heute Erschreckende einzelner „Sprüche". Sie waren nicht für jedermann gedacht, sondern für eine bestimmte Person, die so einen klaren „Rüffel" brauchte.
Johannes verteilte Zettel mit solchen Leitsätzen im Zusammenhang des seelsorgerischen Gesprächs.

HOCHZEITLICHE KRÖNUNG

Seine Briefe zeigen Bezüge zum parallel entstehenden
Werk, war doch die Absicht die gleiche! Und nicht immer muß das Werk vorausgegangen sein. So findet sich
in der zweiten, unseres Wissens 1586/87 vorgenomme-
nen Umstellung und Bearbeitung des „Geistlichen Gesanges" im Kommentar jene „Krone", die das Hauptmo-
tiv im Brief vom 18. November 1586 ist. Und zwar in
der Einleitung zu Strophe 22, mit der die Unio mystica,
die „geistliche Vermählung", beginnt. Johannes
schreibt hier von Christus, dem „Bräutigam", wie glücklich er sei, auf vielen Wegen und Umwegen die „Braut"

68

zur Vollendung geführt zu haben, so daß nun die Vereinigung möglich wird. Und er will auch andere an seiner Freude teilhaben lassen, darum spricht er mit den Worten des Hohenliedes:

> „Ihr Töchter Jerusalems, kommt heraus
> und schaut, ihr Töchter Zions,
> König Salomo mit der Krone!
> Damit hat ihn seine Mutter gekrönt
> am Tage seiner Hochzeit,
> an dem Tag der Herzensfreude" (Hld 3,11).

„Er nennt also", erläutert Johannes, „die Seele seine Krone, seine Gattin und seine Herzensfreude" (CB 22,1), und eben das sagt der Heilige auch in seinem Brief. Johannes zeigt durch die Verbindung des Briefes mit seinem Lied, daß Teresas Töchter in Beas große Fortschritte in Gebet und innerem Leben gemacht haben. Sie übten sich in Loslösung und Selbstentäußerung, sie gingen von der Technik des noch diskursiven Meditierens geistlicher Gegenstände zur – modern ausgedrückt – „ungegenständlichen" Kontemplation über*, in der nicht nur die Worte, sondern auch die Gedanken zum Schweigen kommen. Und als wahre Kontemplative können sie nun „eintreten in den lieblichen Garten ihrer Sehnsucht", können „in einer totalen Umwandlung" „mit dem Geliebten einswerden." Johannes scheut nicht vor sehr extremen Aussagen über die menschlichen Möglichkeiten zurück, gehören die damit angesprochenen Realitäten doch zu seinem Erfah-

---

* Vgl. Kapitel „Heilsame Wünsche".

rungsschatz. Die Seele wird göttlich, „sie wird Gott durch Teilhabe", so lesen wir heute und hatten es damals die Beas-Nonnen gehört oder gelesen, denn was jetzt Johannes als Strophe 22 kommentiert, stand als Kommentar zu Strophe 27 schon in der ersten, 1584 abgeschlossenen und der Priorin Ana de Jesús überreichten Fassung, in der nur die Einleitung mit der Krone fehlte. „So weit das in diesem Leben möglich ist", fügt Johannes hinzu, und er vergleicht die neue, nicht pantheistisch auflösende Einswerdung der Vereinigung des Lichtes eines Sterns oder einer Kerze mit dem Licht der Sonne (CB 22,3 und CA 27,3).

Letztlich sind diese überwältigenden und geheimnisvollen Vorgänge wieder mit der Heiligen Schrift zu belegen, genauer gesagt mit Paulus, dessen berühmtes „Nicht mehr ich lebe, sondern Christus lebt in mir" (Gal 2,20) Johannes noch durch ein vorausgeschicktes Zitat vertieft: „Wer sich an den Herrn bindet, ist EIN Geist mit ihm", oder, wie Johannes es las: „Wer sich dem Herrn eint, wird mit ihm eines Geistes" (1 Kor 6,17).

Als guter geistlicher Führer muß Johannes auch mahnen und daran erinnern, daß dieses Glück der Einung nur möglich wird durch die zunächst aktiv zu betreibende Umwandlung, die alles, was „Nicht-Gott" ist, austreibt. Er fordert also jene Negation der Negation, die einen so unendlich positiven Sinn hat. Dabei tauchen drei Wörter auf, die zunächst ganz „harmlos", ganz unbedeutend scheinen, es aber nicht sind. Nämlich die Wörter „leicht", „sicher" und „frei", welch letzteres dann noch einmal zu „Freiheiten" aufgipfelt.

Es klingt ja beim ersten Hinhören oberflächlich,

wenn Johannes den Schwestern helfen möchte, auf leichte Weise heilig zu werden. Aber ein Blick in sein Werk zeigt etwas anderes. Zunächst einmal, daß das Wort „facilidad", das er hier für Leichtigkeit, Einfachheit gebraucht, bei ihm im allgemeinen negativ besetzt ist: er warnt vor der facilitas, weil die Leichtigkeit ein Selbstbetrug (ein Trug des Teufels) sein kann. Er stellt sogar die Maxime auf: „Versuche immer, dich nicht dem Leichtesten, sondern dem Schwierigsten zuzuneigen" (S I, 13,6). Sind die Nonnen von Beas seine „Teekinder", für die das nicht gelten soll? Keineswegs, die im Brief genannte Leichtigkeit rückt in die Nähe dessen, was er sonst mit „ligero", „ligereza" bezeichnet: er spricht mit diesem Wort gern vom leichten Vogel, vom leicht dahineilenden Hirsch. Das bedeutet: unbelastet, ohne das Gewicht falscher und fesselnder Anhänglichkeiten, ohne Behinderung durch das Gottwidrige. Und so gebraucht Johannes auch in der „Dunklen Nacht" das Wort „leicht" im Sinne der „facilidad" des Briefes. Er legt nämlich das Wesen des göttlichen Lichtes so dar:

„Weil dieses geistige Licht so einfach, rein und universal ist, an keinerlei spezielle natürliche oder göttliche Erkenntnis gebunden, denn von allen diesen Verhaftungen hat es die Seele geleert und befreit*, kann sie nun in diesem Lichte mit großer Leichtigkeit (facilidad) und Universalität alles durchdringen und erkennen, was sich ihr an Irdischem und Himmlischem

---

* aniquilado – vernichtet

darbietet. So sagt auch der Apostel: „Der Geist ergründet nämlich alles, auch die Tiefen Gottes" (1 Kor 2,10; N II 8,5).

Sodann wünscht Johannes, die Schwestern möchten sich ihres „Bräutigams" Christus glücklich und „sicher" erfreuen. Im Spanischen sagt er „seguro" und verstärkt es noch durch das Wort „amparo" = Hilfe: mit sicherer Hilfe. Das Wort „sicher" meint im Denken und Werk des Johannes immer ein Geführtwerden durch die verschiedenen Phasen der „Nacht", möge es sich nun um Läuterungsleiden handeln (vgl. CB 24, 4,5; L 2,28), um das verläßliche Wort Gottes (S II, 27,5) oder um seine mystisch erfahrene Selbstmitteilung (S II 1,3). Wort und Führung können aber nur im Glauben verwirklicht werden, darum liegt das Schwergewicht des Wortes „sicher" auf Glaube, der immer „dunkel" ist, weil er als Offenbarung Gottes und Entsprechung zu seinem Wesen unsere Erkenntnisfähigkeit übersteigt. „A oscuras y segura" = „Im Dunkel und sicher" heißt es darum auch in dem berühmten Nachtgedicht, das gleich zwei Werken zugrunde liegt.

Die Worte „frei", „Freiheit" hängen mit dem Wesen des Geistes zusammen und verbinden sich gern mit der Vorstellung „leicht". „Leer und frei von jedem anderen Wunsche", sagt Johannes in seinem Brief, wobei das Wort „leer" einen ganz positiven Sinn hat: frei für Gott, ein Gefäß, das ER füllen wird. Dann aber ist die Freiheit (die Leichtigkeit, Leere, Entblößung) ein ganz köstliches Gut, denn in ihr wird alles wiedergeschenkt, worauf man unter Schmerzen verzichtet hatte: nun erhält man es in der richtigen, gottentsprechenden Weise.

Erst „in Gott" entfalten die Geschöpfe ihre ganze Schönheit und Gutheit, ihr wahres Wesen.

So sagt Johannes im zweiten Buch der „Dunklen Nacht": „Es bleibt noch zu erklären, daß diese glückselige Nacht den Geist nur verdunkelt, um ihm alles zu erleuchten; daß sie ihn nur erniedrigt und elend macht, um ihn aufzurichten und zu erheben, und wenn sie ihn arm und leer von allem natürlichen Besitz und Habenwollen macht, so einzig, damit er sich alles Irdischen und Himmlischen erfreuen und es genießen kann, weil er in allem zu einer ganz umfassenden Geistesfreiheit gelangt ist" (N II, 9, 1).

In dieser Geistesfreiheit wird wieder die Ursprünglichkeit der Schöpfung erblickt: „Als Gott die Dinge ansah, verlieh er ihnen nicht nur Sein und natürliche Gaben, sondern er bekleidete sie auch mit der Schönheit des übernatürlichen Seins des Sohnes, seines Abbildes" (CB 5, 4). Die mystische Erfahrung führt aber noch weiter. Man sieht nicht nur die Dinge in Gott, so erläutert Johannes, sondern man erfährt sie „als Gott", „denn in diesem Geeintsein empfindet sie (die Seele), wie ihr alles zu Gott geworden ist. Doch darf man nicht meinen, ihre Erfahrung sei so erhaben, daß sie Gott klar und wesenhaft schaue. Es ist nur eine starke Mitteilung voller Glanz und Fülle dessen, was er in sich (als solcher) ist, in der die Seele diese Vollendung der Dinge erlebt" (CB 14, 5).

Diese Fülle und dieses Licht wünscht also der geistliche Führer den Schwestern, wenn er in seinem Brief von der heiligen Krone spricht. „Meine Krone" hatte übrigens auch die Mutter Teresa Priorin Ana de Jesús in einem Brief genannt, als sie erkannte, was diese begabte Frau für den Orden tat und tun konnte (Carta 468). Ob Johannes diesen Brief gesehen hatte? Jedenfalls war ja Ana nicht mehr in Beas, als sein „Kronenbrief" eintraf. Aber etwas anderes scheint mir sicher: Im Zitat der Krönung Salomons, das so eng mit dem Brief verbunden ist, wird auch die Mutter des Königs erwähnt, die, auf Christus übertragen, seine Mutter Maria sein müßte. Nun ist der Karmelitenorden ein marianischer, ist der Muttergottes geweiht. Warum spricht Johannes in seinem Brief nicht von ihr, sondern von krönenden Engeln und Seraphim? Mir scheint eine Antwort möglich: zum einen will er vermeiden, daß die Schwestern sich schon einfach durch ihre Zugehörigkeit zum Orden eine innere Gottverbindung zusprechen. Sie müssen sich, wie der letzte Absatz des Briefes zeigt, bei aller Gnade und bei allem Geführtwerden immer wieder bemühen. Das unterscheidet auch die offizielle Sicht der Kirche von sektiererischen Auswüchsen der „Alumbrados", die die kontemplative Passivität in gefährlicher Weise verabsolutierten. Und die Engel und Seraphim, Boten und feurige Thronwächter Gottes, vermitteln dem Menschen das Gottentsprechende, helfen mit ihrer geflügelten Leichtigkeit, den Ballast falscher Verhaftungen abzuwerfen, sind Führer durch die Nächte wie beim blinden Tobias (Vgl. S I, 2, 2–4). Durch viele Läuterungen müssen die Nonnen von Beas gegangen sein, viele Engel mußten ihnen beistehen, bis sie zur „Krone" werden konnten.

Dem visuellen Bild der Nacht entspricht auf der Ebene des Gehörsinnes das Schweigen. Für den Schweigenden selbst ist es ein Verzicht auf äußere Kommunikation, Umkehr nach innen, hin zu Gott und seinem Geiste.

Das Schweigen, zu dem Johannes gegen Ende dieses Briefes mahnt, ist für die Entwicklung des Kontemplativen, für sein Gebet so wichtig, daß Joahnnes den Beas-Nonnen ein Jahr später noch einen Brief schreibt, der vom Schweigen handelt und der dieses Schweigen letztlich versteht als „Sprache der schweigenden Liebe", die Sprache des Umgangs mit Gott. Zu diesem Schweigen gehört aber auch das „Leiden und Tun", womit Johannes doch wohl die passiven und aktiven Nächte anspricht, die in der Theorie schärfer zu trennen sind als in der Praxis. Beides hat im Schweigen zu geschehen, der akustischen Entsprechung zur „Nacht". Die Beastöchter sind fähig, in ihm das Lied der Liebe zu vernehmen.

An die Unbeschuhten Karmelitinnen in Beas

Jesus und Maria seien in Ihren Seelen, meine Töchter in Christo!

Ihr Brief hat mir wohlgetan, vergelt's Gott! Wenn ich nicht schrieb, so lag das nicht an mangelndem guten Willen (denn ich wünsche Ihnen doch wahrhaftig das Beste), sondern weil mir scheint, daß genug gesprochen und geschrieben wurde, um das, worauf es ankommt, zu verwirklichen. Und was fehlt, wenn es an etwas fehlt, ist nicht Schreiben oder Reden, was gewöhnlich eher zuviel ist, sondern Tun und Schweigen. Zudem führt uns das Reden in die Zerstreuung, während Tun und Schweigen sammelt und den Geist stärkt.

Wenn also jemand weiß, was man ihm für sein inneres Vorankommen gesagt hat, braucht er nicht weitere Worte zu hören, sondern er muß das Gehörte still und sorgfältig in die Tat umsetzen, in Demut und Liebe und Selbstüberwindung. Auf keinem Fall aber soll er sich wieder auf die Suche nach Neuem begeben, das nur unseren oberflächlichen Gelüsten dient, ohne sie übrigens befriedigen zu können, wobei nichts erreicht wird als eine Schwächung des Geistes und eine innere Leere, an der nichts Gutes ist. Dann nützt ihm weder das Neue noch das Bekannte. Es ist ebenso, als wenn man mehr ißt, als man vertragen kann, weil die natürliche Wärme dazu nicht ausreicht; also wird man krank. Es ist sehr wichtig, liebe Töchter, daß wir das Leben unseres Geistes dem Teufel und unserer Sinnlichkeit zu entziehen wissen, denn anders geht es mit uns bergab, ehe wir uns dessen versehen. Wir entfremden uns Christus, und am Ende erwachen wir nach unserem Tode und sehen, daß all un-

ser Mühen falsch und vergeblich war. Während wir glaubten, mit der brennenden Lampe zu gehen, war sie schon erloschen, weil unser Blasen, mit dem wir ihre Flamme entfachen wollten, sie erstickte.

Damit das nicht geschieht und damit der Geist bewahrt bleibe, wiederhole ich: es gibt kein besseres Mittel als Leiden und Tun und Schweigen und die Sinne Verschließen, indem man Einsamkeit sucht und alles Geschaffene und alles Geschehen losläßt, möge auch die Welt untergehen. Niemals, nicht im Guten und nicht im Bösen, darf die innige Liebe des Herzens beunruhigt werden, durch die wir erdulden können, was immer kommen mag. Denn die Vollkommenheit ist von so hoher Bedeutung und die innere Seligkeit etwas so Kostbares – wolle Gott, daß dieses alles dafür ausreiche! Denn es gibt keinen inneren Fortschritt ohne das rechte Leiden und Tun, tief in Schweigen gehüllt. Es versteht sich von selbst, meine Töchter, daß die Seele, die sich schnell auf Rede und Gespräch einrichtet, wenig auf Gott ausgerichtet ist. Denn wäre sie es, so würde sie sich von innen her zum Schweigen gezogen fühlen und jegliche Unterhaltung meiden. Denn Gott sieht es lieber, daß die Seele sich an ihm erfreut als an irgendeiner Kreatur, wie vorzüglich und wertvoll sie auch sei.

Ich empfehle mich Ihrem Gebet. Und seien Sie gewiß, daß, wie armselig auch meine Liebe ist, sie sich doch ganz auf Sie richtet und daß ich nicht vergesse, wem ich so viel verdanke im Herrn, der mit uns allen sei. Amen.

Ps.: Was wir am nötigsten brauchen, ist, daß unser Begehren und unsere Zunge vor diesem großen Gott schweige, denn er hört allein die Sprache der schweigenden Liebe.

HEILSAME WÜNSCHE

An einen Ordensmann

Segovia, den 14. April 1589 (?)

Der Friede Christi sei in Ihrer Seele, mein lieber Sohn!

Ich erhielt Ihren Brief, in dem Sie mir schreiben, daß der Herr Sie von ganzem Herzen wünschen läßt, alles Wollen auf ihn zu richten und ihn über alles zu lieben. Und Sie bitten mich hierfür um einige Ratschläge.

Ich freue mich, daß Gott Ihnen so heilsame Wünsche eingibt, und noch mehr werde ich mich freuen, wenn sie sich erfüllen. Dafür müssen Sie wissen, daß alle Vorlieben, Freuden und Beglückungen unserer Seele durch den Willen entstehen, durch sein Hinstreben nach allem, was sich ihm als gut, passend und erfreulich darstellt, so daß er es für kostbar und lustvoll hält. Folglich richtet der Wille sein Begehren auf alles dieses, er hofft, es zu erhalten, freut sich, wenn er es hat, und fürchtet alsdann, es zu verlieren. So ist also, entsprechend der Anziehungskraft dieser Dinge und dem mit ihnen verbundenen Lustgewinn, die Seele erregt und unruhig.

Wenn Sie dieses Erfüllung suchende Hinstreben zu allem, was nicht Gott ist, in sich wirklich vernichten und ausmerzen wollen, müssen Sie sich klarmachen, daß es das Angenehme und Erfreuliche ist, das der Wille in eindeutiger und bestimmter Weise genießen kann, weshalb es ihm eben auch erstrebenswert scheint. Und Sie müssen weiter verstehen, daß keines von diesen angenehmen und erfreulichen Dingen, die dem Willen Befriedigung und Genuß verschaffen, Gott selbst ist. Denn ebenso, wie Gott die Fassungskraft der anderen Seelenkräfte übersteigt, so auch die Genußfähigkeit des Willens. Das heißt, was auch immer in diesem Leben die Seele als angenehm und erfreulich genießen mag, kann, so erhaben es auch sein möge, nicht Gott sein, dessen Wesen der Seele unzugänglich ist. Der Wille kann bewußt nur nach ihm bekannten Objekten streben. Da er aber Gott als solchen nie erfahren hat, da kein Begehren zu seiner Erkenntnis verhilft und er folglich nicht weiß, wie und was Gott ist, kann er auch mit seinem ganzen Wesen und Wünschen und Suchen nicht an ihn heranreichen, denn Gott übersteigt alle seine Fähigkeiten. So ist also klar, daß nichts Bestimmtes, an dem der Wille sich zu erfreuen vermag, Gott ist.

Um sich mit ihm vereinen zu können, muß man sich lösen und leeren von jeder ungeordneten Anhänglichkeit und Freude an allem, was man in klarer Unterschiedenheit genießen kann, sei es nun himmlisch oder irdisch (wörtlich: von oben oder von unten), zeitlich oder geistlich. Erst so, geläutert und gereinigt von allen ungeordneten Freuden, Genüssen und Begierden, kann der Wille sich ganz der Gottesliebe hingeben. Denn wenn es für ihn eine Weise gibt, Gott zu erfassen und sich ihm zu einen, dann nicht durch das Mittel der Begehrlichkeit, sondern durch die Liebe.

Und da das Wohlgefallen des Willens, wie es durch alles Angenehme und Erfreuliche hervorgerufen wird, nicht Liebe ist, muß man folgern, daß keines der lustvollen Gefühle ein adäquates Mittel sein kann, um sich Gott zu einen. Dazu dient einzig die Wirkkraft des Willens, die etwas sehr anderes ist als die gefühlsmäßige Wirkung. Durch seine Wirkkraft wird er eins mit Gott und mündet in ihn, der Liebe ist, nicht aber durch das Gefühl und den Zugriff seines Begehrens, das an den Grenzen der Seele endet. Gefühle können den Willen, der vorankommen möchte, motivierend unterstützen, mehr nicht. Für sich allein genommen gelangt die Seele durch lustvolle Gefühle nicht zu Gott, eher wird sie von ihnen auf sich selbst zurückgeworfen. Aber die Wirkkraft des Willens, nämlich die Gottesliebe, veranlaßt die Seele, in ihm allein Wohlgefallen, Beglückung, Freude und Liebe zu suchen, indem sie alles andere hinter sich läßt und ihn über alles liebt.

Ist also jemand zur Gottesliebe bewegt nicht durch die Süße der Empfindung, so hat er diese Süße hinter sich gelassen und seine Liebe Gott zugewandt, den er nicht fühlt. Denn wäre er stehengeblieben bei der Süße der Empfindung, so hätte er seine Liebe dem Geschöpflichen als Ziel und Ende zugewandt, folglich wäre das Tun des Willens pervertiert. Gott ist unbegreiflich und unerreichbar, darum darf sich die Wirkkraft des Willens, um sich Gott zuzuwenden, nicht auf das richten, was er mit seiner Neigung berühren und ergreifen kann, sondern auf das ihm Unbegreifliche und Unerreichbare.

Dann liebt der Wille wahrhaft und sicher nach Art des Glaubens, dann verbleibt er in Dunkelheit und Leere auch seiner Gefühle, vor allem solcher, die er durch seine Einsicht verstehen könnte, so daß er über alles Begreifen glaubt und liebt.

Da es sich so verhält, wäre der sehr unklug, der meinte, weil ihm die geistliche Süße und Beglückung fehlt, fehle ihm Gott. Oder der umgekehrt denkt, er habe Gott, weil er Beglückendes empfindet. Völlig unklug aber wäre es, wollte er diese Süße in

Gott suchen, um sie zu genießen und darin zu verweilen. Dann suchte man nicht mehr Gott mit einem rein auf Glauben und Liebe gestützten Willen, sondern man suchte geistliche Süße und Beglückung, Kreatürliches also, und wenn man so dem lustvollen Begehren folgte, liebte man nicht mehr Gott ganz ungemindert über alles (denn das hieße doch, alle Kraft der Liebe auf ihn versammeln). Stattdessen könnte sich der Wille, der sich so an die Kreatur verhaftet, nicht mehr zu Gott erheben, der damit unerreichbar wird. Denn es ist ganz unmöglich, daß der Wille zur Süße und Seligkeit der Gotteinung gelangt, daß er die lieblichen und liebevollen Umarmungen Gottes erwidert, wenn nicht in der Entblößung und Entleerung der Sehnsucht von jedem bestimmten Genuß sowohl des Himmels wie der Erde.

Das meinte David, als er sagte: „Dilata os tuum, et implebo illud" – „Tu deinen Mund auf, ich will ihn füllen" (Ps 81, 11). Denn es bedeutet, daß die Sehnsucht der Mund des Willens ist, der sich Gott auftut, wenn ihn nicht schon ein anderer Bissen mit seinem Geschmack erfüllt und behindert. Denn die Sehnsucht verengt sich, sobald sie sich auf Bestimmtes richtet, weil außer Gott alles beengt *.

Soll es also der Seele gelingen, zu Gott zu kommen und sich mit ihm zu vereinen, darf der Mund ihres Willens nur für Gott geöffnet sein, frei von jedem anderen begehrten Bissen, damit Gott ihn fülle und erfülle mit seiner Süße und Liebe. Ihn darf nur hungern und dürsten nach Gott allein, ohne in irgendetwas anderem seine Befriedigung zu suchen, denn Gott als solchen kann er nicht verkosten. Was man verkosten kann, nachdem

---

* Ich habe es hier wegen der gemeinten Bedeutungsweite gewagt, die scholastische „Begierde" (apetito) mit Sehnsucht zu übersetzen.

man es begehrte, behindert, ich sage es noch einmal, den Zugang zu Gott.

Das gleiche lehrte Jesaja, wenn er sagte: „Auf, ihr Durstigen, kommt alle zum Wasser!" (Jes 55, 1) usw. Hiermit lud er jene ein, die nur nach den himmlischen Wassern der Gotteinung dürsten und die nicht zahlen mit der Münze der Begierde *.

Wenn Sie, mein lieber Sohn, tiefen inneren Frieden und Vollkommenheit erlangen wollen, ist es für Sie entscheidend wichtig, daß Sie ihren Willen Gott gänzlich hingeben, damit er ihn sich eine. Sie sollten ihn nicht mit niederen und häßlichen irdischen Dingen beschäftigen. – Seine Majestät mache Sie so geisterfüllt und heilig, wie ich es wünsche!

---

* Johannes führt hier das Jesajazitat fort, das lautet: „Auch wer kein Geld hat, soll kommen. Kauft Getreide und eßt, kommt und kauft ohne Geld, kauft Wein und Milch ohne Bezahlung!" (Jes 55,1).

Johannes schreibt diesen Brief aus Segovia, also zwischen 1588 und 1591. Jona ist aus der Fremde heimgekehrt. Mit größeren Ehren zunächst, als ihm lieb war, mit hohen Ämtern versehen und wider Willen zunehmend in die Meinungsverschiedenheiten und Machtkämpfe der seit 1581 selbständigen Provinz der Unbeschuhten verwickelt.

Die Werke sind geschrieben, wenn auch noch, besonders im „Geistlichen Gesang", das eine oder andere überarbeitet und ergänzt wird. Johannes ist in Segovia stark mit praktischen Dingen beschäftigt, vor allem als „Bauherr" und Bauarbeiter in einer Person. Das hindert ihn nicht, von besonders starken mystischen Erfahrungen heimgesucht zu werden, für die es Zeugen gibt. Er ist intensiv der Erfahrung der Gotteinung, der Unio mystica hingegeben, und er hat zu seinem geschriebenen Werk, besonders den ersten Büchern, bereits eine Distanz, die ihm erlaubt, das dort Gesagte zusammenzufassen und brieflich weiterzugeben.

Das geschieht in dem langen Schreiben an den „Ordensmann", wohl einen Karmeliten in einem der Klöster, denen Johannes vorstand, ein echter geistlicher Sohn also. Der Brief bringt fast wörtlich den Text, der einigen guten Editionen des „Aufstiegs zum Berge Karmel" als Kapitel 46/47 angefügt ist. Er gehört vermutlich ursprünglich zum 17. Kapitel des dritten Buches (vgl. EE 488 ff). Die Lehre wird hier also von Johannes angewandt auf die persönliche Situation des ratsuchenden „Sohnes".

Es geht um die rechte Einordnung des „Willens" als eine der drei Fähigkeiten, die nach dem Verständnis der Zeit und vor allem im Anschluß an Augustinus den geistigen Menschen ausmachen. Den Hintergrund der Darlegungen des Johannes bildet sein Wissen um die Paradoxie des Menschseins, das ein moderner Psychologe, Albert Görres, so ausgedrückt hat:

„Die paradoxe Verfassung des Menschen, der mit dem Verstand, wenn es gut geht, noch Gott als das höchste Gut, und das sittliche Gute als den höchsten Wert erkennen, aber die Erkenntnis nicht mehr mit dem Herzen, dem Gemüt und allen Kräften fassen kann, dieser Mangel an Gespür für das eigentlich Liebenswerte in Welt und Gott macht ihn anfällig für Ersatzobjekte jeder Art. Die Lebensformel heißt: Zeitvertreib mit Ersatzobjekten, denen eben das Engagement, die seelische Energie oder auch Libido zugewandt wird, die nur den das Wohl und Heil des Menschen hier und jetzt wirklich fördernden Werten zustehen.

Die Herzenszuwendung des Menschen verliert ihre Bündelung und Ausrichtung. Sie zerfällt in Zerstreuung auf ein Vielerlei von Ersatzobjekten, die schon ein Anfang von Unrecht ist, weil ihr die Einheit und Einordnung im letzten Sinn und Ziel der Freundschaft und des Gottesdienstes fehlt" (Görres 45).

Was Johannes brieflich in scholastischer (in der Übersetzung schon gemilderter) Manier aussagt, ist also durchaus up to date. Der Wille, so erläutert er, schwankt, noch einmal modern ausgedrückt, zwischen Selbstverwöhnung und Verlustangst, und der auf Gott hingeordnete Mensch muß lernen, seine falsche, gottwidrige Ausrichtung zu ändern. Er muß sich fragen, ob es Mittel „zur Befreiung von Angst und klebriger Selbstsucht gibt, die einen Freiraum schaffen, in dem die Liebe zum Guten gedeiht" (Görres 20). Johannes spricht nicht vom Guten, sondern von Gott, der selbst noch in seiner Gutheit die menschliche Fassungskraft, das heißt, Verstand, Willen und Gedächtnis übersteigt.

Diese drei Vermögen sind in einem weiteren Sinne zu verstehen, als es unserem heutigen alltäglichen Sprachgebrauch entspricht: Der menschliche Verstand ist über die schlußfolgernde Denkfähigkeit hinaus das unanschauliche Vermögen zur Sinn- und Werterkennung. Der Wille ist die Fähigkeit zur Wertbejahung, die sich als Liebe und Vereinigungsstreben äußert. Das Gedächtnis nimmt sinnliche, gefühlshafte und geistige Eindrücke auf, die es als Assoziation und Vorstellung reproduziert.

Johannes zeigt im „Aufstieg zum Berge Karmel" zum ersten Male systematisch, wie sich diese drei Vermögen in den Läuterungen der „Nächte" verwandeln müssen, damit der Mensch gottfähig wird und seine eigentliche Bestimmung erfüllen kann. Besonders deutlich muß das ein kontemplativer Mönch vorleben, dem schon von Berufs wegen die Gotteinung Ziel ist. Entsprechend unverblümt äußert sich Johannes in seinem langen Brief.

Es geht hier einzig um den Willen, den aktiv Führenden bei Beginn des gnadenvoll umwandelnden Prozesses, denn das wahre Wesen des Willens ist Liebe. Im „Aufstieg" schreibt Johannes: „Und so, wenn die Seele sich total von allem trennt, was dem göttlichen Willen (der göttlichen Liebe) widersteht und nicht mit ihm übereinstimmt, wird sie durch Liebe in Gott verwandelt" (S II,5,3).

Wahrhaftig ein hochgestecktes Ziel, und entsprechend hoch sind auch die Anforderungen des geistlichen Führers an den Ordensmann, der dieses Ziel bald erreichen möchte.

ÜBERWINDUNG

Er bekämpft in seinem Schützling den „apetito", die Libido, wie Freud sagen würde, „das Hängen, Halten, Kleben", wie Görres es nennt, das wir im Kontakt mit Dingen und Personen für die unaufgebbaren Bedingungen unseres Glücks halten: ein Urphänomen! (vgl. Görres 20). Und als Urphänomen nicht eben leicht zu ändern. Zumal, wie eingangs gezeigt, das Dilemma ja darin besteht, daß Gott als solcher in seinem totalen Anderssein sich jedem menschlichen Zugriff entzieht, einen absoluten Gegensatz zu unserer geschöpflichen Bedingtheit bildet.

Der Wille, dessen Hauptaufgabe die Wertbejahung oder Liebe ist, muß also die richtigen Werte bejahen und lieben, mit anderen Worten: Gott. Wie aber vermag er das, wenn der Verstand nicht ausreicht, um Gott zu erkennen? Die Antwort des Johannes lautet: Gott selbst überwindet den trennenden Abgrund, weil er Liebe ist und lieben macht. Für den Menschen äußert sich das als „Wirkkraft" des Willens, der fähig ist, die endlichen Werte loszulassen, um sich dem unendli-

chen Wert Gottes ganz zuzuwenden. Dann liebt er Gott
mit Gottes eigener Liebe, das Gleiche gesellt sich zum
Gleichen, es gibt doch einen Zugang, eine Vereinigung!

Gott überwindet die menschliche Paradoxie durch
Liebe, durch seine Selbstoffenbarung in Jesus Christus
und in der vom Heiligen Geiste, dem Geiste Christi getragenen kontemplativen Erfahrung. Darum hängen
Kontemplation und Kreuz zusammen. Das „liebende
Aufmerken auf Gott", das ihr Hauptkennzeichen ist,
verbindet sich dem Dunkel, der „Nacktheit", der Entblößung von allen „ungeordneten Anhänglichkeiten".
Ungeordnet meint: endliche Werte für sich allein genommen. Ist jemand erst durch den liebenden Verzicht
zur Gotteinung gelangt, so findet er in ihm auch die geschöpflichen Werte, deren Urheber Gott ja ist, wieder.
Dann werden sie in „geordneter Anhänglichkeit" ge-
liebt. Hält doch Johannes auch Nächstenliebe, wahre
Freundschaft und Mitmenschlichkeit also, überhaupt
erst für möglich, wenn „die Seele ihr Herz von solchen
(gottfreien) Genüssen abwendet" (S III,23,1).

Damit ist aber keine asketische Leistung gemeint,
sondern das Sich-Erfüllenlassen mit Gottes Liebe, wo-
durch nicht nur Umkehr, sondern Umwandlung be-
wirkt wird: die mystische Verwandlung des Willens in
Liebe, des Verstandes in Glauben, des Gedächtnisses in
Hoffnung. Es ist dabei die Liebe selbst, die läutert, die
das Falsche austreibt.

Der Arzt und Mystikforscher Carl Albrecht hat nach-
gewiesen, daß gerade in der christlichen Kontemplation klare Wertsphären erlebt werden. Der tief ins
Gebet Versunkene, dessen Erfahrung sich schon jen-

seits von Worten und Bildern abspielt, der „liebend Aufmerkende" erlebt das für alle Mystik kennzeichnende Ankommen eines Umfassenden als ein personhaft „Umfassendes", d. h. alles kennbare Übersteigendes. „In der personhaften Erfahrung bildet es sofort eine höchste Wertsphäre um dieses ankommende DU, demgegenüber das ICH mit seiner Welt als Unwert erscheint." Das „personal Umfassende" kann dann das hingegebene Ich so ergreifen, daß „alle gesonderten Bewußtseinsinhalte ... zu einem einzigen, alles füllenden Bewußtseinsraum" werden (Albrecht 243). Das ist in der Sprache moderner Wissenschaft ausgedrückt das gleiche, was Johannes seinem geistlichen Sohne schreibt, dessen Wille alles hinter sich lassen und sich Gott in Liebe zuwenden soll, weil alles „Bestimmte", sogar das Beglückende einer Gotteserfahrung, nicht Gott ist. Die „Erwiderung der liebevollen Umarmungen Gottes" besteht gerade im Verzicht auf jede geistliche Habsucht.

Johannes gibt im „Aufstieg" eine ganze Skala von (Un-)Werten an, an denen der nicht hängen darf, der den Weg der Unio mystica, dieses Bergansteigen, bewältigen will. Als unterste Stufe nennt er die „zeitlichen Güter", womit er Ämter, sozialen Stand, Reichtum und ähnliches meint. Daran schließen sich die natürlichen (z. B. Schönheit, Klugheit), sittlichen, übernatürlichen und geistlichen Güter. Mit übernatürlich meint er Weisheit, theologische Tugenden, Wunderwirken, um Beispiele zu nennen. Gott wird hier lächelnd einbezogen: „Das Wunderwirken ist nicht Gottes Art. Er tut es nur, wenn er (sozusagen) nicht anders kann" (S III,31,9).

Geistlich sind dann Güter, etwa die Bilder, Liturgisches, die zu göttlichen Dingen anregen und helfen, sowohl, sagt Johannes, zum Reden der Seele mit Gott als auch zu Gottes Mitteilungen an die Seele. Er erregt sich dabei über Madonnenstatuen, die man in „weltliche Modekleidung" steckt, über Prediger, die sich selbst in den Vordergrund spielen, usw.

Der Leser seinerseits könnte sich darüber erregen, daß sogar Gottes eigenes Wirken vom Bannstrahl des Johannes getroffen wird. Aber gemeint ist nicht das Wirken, sondern die Wirkung bei einer Fehlhaltung des mit Gnade beschenkten Menschen. Berühmt wurde das Gutachten, das Johannes in Briefform über den „Geisteszustand" einer weithin schon als heilig bewunderten Karmelitin anfertigte – ebenfalls in Segovia, also auch zur Zeit des anfangs zitierten Briefes an den geistlichen Sohn. Johannes bemängelt in seinem Gutachten zunächst das geistliche Besitzstreben der Schwester, ihre unangebrachte Selbstsicherheit und Selbstgefälligkeit. Dann kommt er zu den beiden letzten Punkten:

Viertens und vor allem aber werden in ihrem Innenleben keine Anzeichen von Demut sichtbar. Wäre ihre Behauptung von der Echtheit ihrer Begnadungen richtig, so würden sich diese normalerweise der Seele nicht mitteilen, ohne sie zunächst ganz aufgelöst und vernichtet in den Niederungen der Demut zurückzulassen. Wenn sie solche Wirkungen verspürte, hätte sie es nicht unterlassen, in ihrem Bericht auch davon zu schreiben. Denn sie sind so durchschlagend, daß die Seele sich als erstes gedrängt fühlt, dankbar davon zu berichten. Sie lassen sich einfach nicht verheimlichen. Zwar sind nicht alle Gotteserfahrun-

gen von so starker Wirkung, aber diese, von denen die
Schwester spricht und die sie Unio mystica nennt, kommen nie-
mals ohne dieses Merkmal vor. (Hier folgen lateinische Zitate.)

Fünftes berichtet sie in einer Sprache und in einem Stil, der
nicht dem Geist entspricht, auf den sie sich hier beruft. Denn
dieser Geist lehrt eine schlichte Redeweise ganz ohne die Kün-
steleien und Übertreibungen, die in ihrer Schreibweise zutage
treten. Und alles dieses „Gott sprach zu ihr und sie sprach zu
Gott" halte ich für Unsinn.

Diese für den damaligen Provinzial Nicolás Doria ge-
schriebene Bewertung bestätigt das vom Psychologen
Albrecht angeführte Merkmal mystischer Erfahrung:
Das begegnende göttliche Du wird als Wert erkannt,
der als das „schlechthin Andere" alles übersteigt und
auf den alle vergangenen, gegenwärtigen und zukünfti-
gen Erlebnisgehalte in unerkennbarer Weise als ihren
tragenden Grund bezogen sind (vgl. Albrecht 214). Demut und Schlichtheit beim Erlebenden sind die unaus-
weichlichen Folgen.

Darum kommt dem Willen eine so entscheidende
Rolle zu, weil er den höchsten und einzigartigen Wert
bejahen und dabei seine wahre Liebeskraft und Bestimmung entfalten kann, die zugleich Bestimmung und
Schicksal des Menschen ist. Am Ende verweist der
geistliche Führer seinen „Sohn" auf den noch bevorste-
henden wichtigsten Vorgang, der über die „aktive
Nacht des Willens" hinausgeht. Es ist die „passive
Nacht", das Sich-Gott-Überlassen, der nun die Führung
übernimmt, der „den Mund füllt", allen Durst und
Hunger stillt. Der Ordensmann ist verständlicherweise

offensichtlich noch beunruhigt vom Fehlen geistlicher Beglückung, und Johannes fürchtet, er könne sie mitsamt seinen „heilsamen Wünschen" suchen.

GELEBTES BEISPIEL

Wie steht es denn um diese Zeit mit Johannes selbst, lebt er vor, was er so rigoros-liebevoll lehrt? Um seine letzten drei Lebensjahre zu verstehen (er starb schon mit 49!), muß noch einmal zurückgeblendet werden.

1581 war von Rom aus der teresianischen Reform eine selbständige Provinz zugebilligt worden. Johannes, dessen Rektorat in Baeza ablief, bat um Befreiung von Ämtern, wurde aber vom Provinzial P. Gracián zum Prior in Granada bestimmt. Außerdem wählte ihn das Kapitel zum 3. Definitor der Provinzverwaltung. Er hatte also vergeblich versucht, sich von dem zu trennen, was er „zeitliche Güter" nannte. Als der Versuch mißlang, übte er die Ämter engagiert und verantwortungsvoll aus. Er bewies Talent und Weitblick in praktischen Dingen, wie z. B. durch den Bau eines Aquaeduktes in Granada. Er verstand sein Priorat als einen Dienst, der in größter Demut auszuüben ist.

Johannes hat eine Abneigung gegen alles, was sich als Macht oder gar Despotismus entwickeln könnte. Wie Teresa zeigt er ein modern-demokratisches Empfinden. Als 1583 wieder ein Ordenskapitel in Almodóvar zusammentritt, bemüht er sich um ein Gesetz, das schon nach zwei Jahren den Wechsel im Priorsamt vorschreibt. Er möchte jeder „Verfilzung" vorbeugen. Aber sein Vorschlag findet keine Anhänger. Auf diesem Kapitel kommt es zur ersten heftigen Konfrontation zwischen Gracián und Doria. Zwei Jahre später schlägt Gracián, dessen Amtszeit abläuft, in seiner arglosen Großzügigkeit dem Kapitel in Lissabon selbst seinen Feind Doria zum Nachfolger vor. Johannes vom Kreuz bemerkt dazu: „Er hat den gewählt, der ihm einst den Habit rauben wird", eine leider absolut richtige Prophezeiung. Johannes selbst bittet in Lissabon wieder um Ämterbefreiung, jedoch ohne Erfolg. Im Gegenteil, einige Monate später tagt ein Kapitel in Pastrana und wählt ihn zum Provinzialvikar für Andalusien. Zu dieser Zeit – 1585 – ist sein Werk im wesentlichen abgeschlossen – glücklicherweise, denn er ist nun zu vielen Reisen gezwungen, wegen der durch das Wachsen des Ordens immer wieder erforderlichen Gründungen und wegen der Verantwortung für 18 andalusische Klöster. Spanische Wissenschaftler haben errechnet, daß Johannes in zwei Jahren sechstausend Meilen zurücklegte, was der Entfernung Granada–Kalkutta entspricht! Er trug es tapfer, auch wenn er persönlich die liebende Gottverbundenheit im Gebet für den noch wichtigeren Dienst an der Kirche und seinen Mitmenschen hielt. Als im April 1587 wieder ein Kapitel in Valladolid tagt, hofft Johannes, man werde ihm gestatten, sich nun ganz der Kontemplation zu widmen, zu der er eine so einmalige Begabung mitbrachte. Man erläßt ihm auch den Provinzialvikar und den Definitor, aber man wählt ihn zum vierten Mal zum Prior von Granada. Johannes weint!

Und die Verhältnisse in der Verwaltung des werdenden Ordens sind problematisch: gegen Ende des Jahres 1587 erklärt ihn ein päpstliches Breve zur autonomen Kongregation (noch nicht zum Orden!), was Doria die Möglichkeit gibt, seine persönlichen Vorstellungen durchzusetzen. Er will eine straffe zentralistische Organisation nach dem Vorbild seiner Heimatstadt Genua oder auch Venedigs, eine dem Jesuitenorden ähnliche Organisation. Aber im Jesuitenorden gab es keine Nonnen. Teresa hatte großen Wert darauf gelegt, daß den Schwestern stets ein persönlicher Berater zur Verfügung stehe. Doria dagegen will alles einer „Consulta" unterstellen, einem Gremium, das keine Möglichkeit mehr zu persönlicher Betreuung der Schwestern läßt.

Dagegen stellt sich leidenschaftlich Pater Gracián, und auch Johannes ist auf seiner Seite. Er sagt: „Das Laster des Ehrgeizes unter den Reformierten ist ränkesüchtig und damit unheilbar" (Brenan 86). Der Satz trifft bedingt auf Doria zu, später, wie in den folgenden Kapiteln gezeigt werden soll, noch mehr auf seine Helfershelfer.

Aber zunächst kommt es zwischen Doria und Johannes noch zu keiner Konfrontation, im Gegenteil: Als im Juni 1588 Doria in Madrid zum Generalvikar der von der Consulta regierten „unbeschuhten" Kongregation wird, kann Johannes nicht verhindern, daß man ihn zum ersten Definitor und damit Vertreter Dorias wählt. Die Consulta nimmt ihren Sitz in Segovia, also macht man Johannes gleichzeitig zum Prior des dortigen Klosters. So kommt er am 1. August 1588 zurück aus der andalusischen „Verbannung", ist aber wieder mit vielen Pflichten des äußeren Lebens belastet.

Neben den hemmenden „zeitlichen Gütern" hat er auch Probleme mit den „übernatürlichen und geistlichen". Gerade in Segovia wird er viel von visuellen und auditiven „mystischen Phänomenen" heimgesucht, seine Mitbrüder berichten von häufigen Versunkenheitszuständen, in denen er von der Außenwelt nichts mehr wahrnahm, auch von Levitationen. Johannes spielt alles herunter, verbietet, davon zu sprechen. Eine Karmelitin des benachbarten teresianischen Nonnenklosters in Segovia berichtet: „Er kannte kein anderes Thema als Gott, und seine Worte trafen und wirkten so tief, daß sie in den Herzen seiner Hörer das Feuer der Gottesliebe entzündeten. Seine Seele schien ständig ins Gebet versenkt zu sein" (Brenan 83).

GLÜCKSELIGES NICHTS

An die Mutter María de Jesús,
Priorin der Unbeschuhten Karmelitinnen in Córdoba

Segovia, den 18. Juli 1589

Jesus sei in Ihrer Seele!

Sie alle müssen dem Herrn Ihre Dankbarkeit erzeigen entspre-
chend dem Beifall, mit dem man Sie dort empfangen hat – es
war mir eine Genugtuung, den Bericht zu lesen! Und Gott fügte
es, daß Sie bei großer Hitze in so armselige Häuser einziehen
mußten, um dem religiösen Empfinden ein Beispiel zu geben
und zu zeigen, was Ihre Gelübde bedeuten: besitzlose Nachfolge
Christi.* So werden alle, die an eine Aufnahme denken, gleich
wissen, in welchem Geiste sie kommen müssen.

Hiermit übersende ich Ihnen alle Vollmachten. Prüfen Sie
sehr genau, wen Sie am Anfang aufnehmen, denn daraus ergibt
sich die weitere Entwicklung. Und sehen Sie darauf, daß der
Geist der Armut und der Loslösung bewahrt bleibe, anders
würden Sie, das müssen Sie wissen, in tausend geistliche und
weltliche Bedürfnisse zurückfallen, die Sie doch nichts wollen

---

* lo que profesan, que es a Cristo desnudamente – die mir bekannten Übersetzungen nehmen das Adverb als Adjektiv zu „Cristo".

als Gott allein. Und Sie müssen sich bewußt machen, daß Sie nicht mehr Bedürfnisse haben und spüren werden, als Ihr Herz zuläßt. Denn der Arme im Geiste ist am fröhlichsten und standhaftesten in Zeiten des Mangels, hat er sich doch mit allem so ganz als Nichts und Nichtigkeit gesetzt, daß nun sein Herz in allem den Raum der Freiheit findet. Glückseliges Nichts und glückselige Verborgenheit des Herzens, dem in seiner kostbaren Kühnheit alles untertan ist und das doch nichts an sich bindet, um frei von Sorgen heller in Liebe entbrennen zu können.

Bitte bestellen Sie allen Schwestern Grüße im Herrn. Und sagen Sie ihnen, daß der Herr sie zu Grundsteinen gemacht hat, als solche sollen sie sich erkennen, denn die stärksten Steine legen das Fundament für die folgenden. Sie müssen den unverbrauchten Geist nutzen, den Gott für diese Anfänge gibt, müssen den Weg der Vollkommenheit ganz neu in Demut und innerer wie äußerer Loslösung beschreiten. Und nicht in kindischer Gesinnung, sondern mit kraftvollem Willen. Üben Sie sich in Entsagung und Buße, weil Sie sich diesen Christus auch etwas kosten lassen wollen, gehören Sie nicht zu jenen, die nur Trost und Annehmlichkeiten suchen, sowohl in Gott wie in der Welt. Suchen Sie stattdessen Leiden in Gott und in der Welt, tragen Sie es in Schweigen und Hoffnung und liebendem Gedenken.

Bitte sagen Sie dieses auch der Schwester Gabriela und den Ihren aus Málaga, an die anderen schreibe ich. Und gebe Gott Ihnen seinen Geist. Amen.

Ps.: Pater Fray Antonio und die anderen Patres senden ihre Empfehlungen. Und grüßen Sie bitte den Pater Prior von Guadalcázar.

Mutter María de Jesús (Sandoval) wurde schon von der heiligen Teresa erwähnt, als sie in ihrem Buch der Klostergründungen von Beas de Segura berichtete. María de Jesús war gleich bei der Gründung am 24. Februar 1575 dort eingetreten. Der heilige Johannes vom Kreuz kennt sie also aus der Zeit seiner regelmäßigen Besuche in diesem ihm besonders vertrauten und lieben Kloster. 1585 wird María de Jesús dann als Subpriorin und Novizenmeisterin in die Málaga-Gründung geholt, und schon im folgenden Jahr steht sie dem neuen Nonnenkloster in Córdoba als Priorin vor. Sie ist also eine ausgesprochene „Gründungsschwester", aus dem guten Holze von Teresas einstigem „Wanderkloster" geschnitzt.

Johannes erwartet von ihr die entschiedene Durchführung des Reformideals der Teresa, nicht zufällig spricht er in diesem Brief vom „Weg der Vollkommenheit". Er meint damit nicht nur das allgemeine Ideal, sondern ganz konkret das so betitelte Buch der Heiligen, das, inzwischen schon mehrfach gedruckt, neben der sehr wichtigen Gebetsmethode* die Grundlinien des Klosterlebens zeichnet.

Ein Blick auf Teresas Darlegungen beweist, daß der angeblich so weltabgewandte Johannes und die angeblich so weltbejahende Teresa in ihren Forderungen für das geistliche Leben übereinstimmen. Nur mit dem Unterschied, daß Johannes die inneren Ablösungspro-

---

* Vgl. Erika Lorenz, Das Vaterunser der Teresa von Ávila. Anleitung zur Kontemplation. Verlag Herder, Freiburg 1987.

zesse sehr viel mehr betont und ausführt. Doch setzt er damit Teresas Anweisungen nur fort. Denn ursprünglich wollte Teresa ihr Klöster ausschließlich „auf Armut gründen", wie man damals sagte, d. h. sie wollte keine festen Einkünfte, wollte keine andere Bindung als die an das Vorbild Christi. Wenn dann später praktische Erwägungen – und das gute Zureden ihres dominikanischen Beichtvaters Báñez – sie auch gelegentlichen Sicherungsmaßnahmen zustimmen ließen, war ihr Ideal doch ganz so, wie es Johannes der Priorin von Córdoba darlegt.

Teresa schrieb im zweiten Kapitel ihres „Wegs der Vollkommenheit": „Was ich hier sage, liebe Schwestern, müßt ihr nach meinem Tode sehr beherzigen, darum hinterlasse ich es euch schriftlich. Solange ich aber noch lebe, werde ich euch daran gemahnen, denn ich weiß aus Erfahrung, wieviel daran liegt: Je geringer der Besitz ist, um so sorgloser bin ich. Und, weiß Gott, Überfluß beunruhigt mich mehr als Mangel.

Wir wollen die Armut in jeder Weise wahren: im Wohnen, in der Kleidung, in Worten und erst recht in Gedanken. Solange wir das einhalten, besteht in diesem Hause keine Gefahr des Niedergangs, denn, wie die heilige Clara sagte: „Stark sind die Mauern der Armut" (CP 2).

Diese Kapitel sind also eine Art Testament der Teresa. Im 8. fährt sie fort: „Wir kommen nun auf die Loslösung zu sprechen, denn für ein Vorankommen in der Vollkommenheit bedeutet sie alles. Ja, ich betone: *alles!* Wenn wir uns allein an den Schöpfer halten und *nichts* auf die Geschöpfe geben, erfüllt uns der Schöpfer so mit Kräften des Guten, daß wir, sofern wir das Unsere beitragen, keine großen Schlachten mehr schlagen müssen, denn der Herr nimmt unsere Verteidigung gegen Welt und Teufel selbst in die Hand."

Sie führt weiter aus, daß alle „Losschälung" nichts nützt, wenn wir uns nicht von uns selbst (von unserer Selbstsucht) zu lösen vermögen, anders, so bringt es Teresa ins Bild, wären wir wie jemand, der ruhig zu Bett geht, weil er die Türen verschloß, während sich jedoch der Dieb im Innern des Hauses verbirgt (CP 10). Der Vergleich findet sich in einem anderen Brief des Johannes wieder. Er schreibt: *„Es gibt keinen schlimmeren Dieb als den im eigenen Hause. Gott befreie uns von uns selbst!"* (EE 1290, an eine geistliche Tochter).

Nur durch die Loslösung von uns selbst, fährt Teresa nach ihrem Vergleich fort, erlangen wir jene „heilige Freiheit des Geistes", der ihn unbelastet von „Blei und Erde" zu seinem Schöpfer auffliegen läßt.

NICHTS UND FREIHEIT

In den Worten der Teresa klang schon jene Nichts-Alles-Polarität an, die als Hauptgedanke das ganze Werk des Johannes durchzieht. Freiheit und Glückseligkeit hängen vom recht gelebten Verständnis dieser Polarität ab.

Wenn hier von Polarität gesprochen wird, so heißt das nicht, daß die Begriffe austauschbar wären: Gott kann niemals mit dem Nichts identifiziert werden. Er ist Alles, aber er ist mit nichts vergleichbar, er ist in keiner Weise faßbar – insofern ist mit ihm verglichen alles nichts und wird er selbst als das große Nichts des Unverstehbaren verstanden.

Und doch gibt es zu ihm einen Zugang: den des Vorbilds und Wortes Jesu Christi, das, mehr noch als im aktiven Leben, im liebenden, umwandelnden Prozeß der Kontemplation realisiert wird. In jener reinen, absoluten Liebe, die für Johannes alles ist. Der Weg zur Gotteinung ist ein langes Nochnicht, eine allmähliche, aber ständige Umwandlung des Nichts in Alles (vgl. Meier 30).

Je rückhaltloser wir uns Gott überlassen, um so schneller und wirksamer geht der Umwandlungsprozeß – das „Nachtprogramm" – vor sich. Je weniger der auf dem Weg Befindliche sich auf die eigenen Kräfte stützt, um so sicherer wird er von Gott, dem „Blindenführer" geleitet. Darum hat auch, wie schon im Brief an den „Ordensmann" dargelegt, das Alles den Charakter des Unbestimmten, zu dem jedes Festhalten an Bestimmtem den Weg verbaut. Als Führung Gottes ist das „Nichts" zweifellos ein glückhaftes Geschehen, weshalb Johannes in diesem Brief an María de Jesús geradezu jubelt: glückseliges Nichts!

Erst die völlige Hingabe an die „nächtliche" Verborgenheit Gottes in unseren Herzen ist die uns mögliche Weise der Gotteserkenntnis. Sie setzt unsere Negation der Negation Gottes voraus, das Freiwerden von allen Nicht-Gott-Verhaftungen. Diese Negation des Nichts ist zugleich die Bejahung des Alles.

Doch handelt es sich dabei nicht um abstrakte Denkvorgänge, sondern um ein existentielles Geschehen.

Gott wird erfahren in der Zuwendung der Liebe, aus der Ruhe, Gelassenheit und Freiheit des Geistes hervorgehen, wie sie vor allem die Kontemplation vermittelt. Sie läßt den kontemplativ (auch innerlich wort- und bildlos) Betenden eintauchen in das „Geborgen- und Verborgensein des Nichts" (Meier, 68 f). Sobald das Nichts als solches angenommen und nicht mehr als ein Etwas behandelt wird, führt es hinaus in die Freiheit wahren Liebens. Die „heilige Freiheit", wie schon Teresa sagte.

Das Nichts, das keinerlei Bedingungen kennt, ist die höchste Form der Freiheit. Und nur in dieser Freiheit erfüllt sich jene Gottesbindung, die das eigentliche Wesen des Menschen ausmacht. Auch der Mensch, so gibt Johannes hier letztlich der Priorin von Córdoba zu verstehen, steht geheimnisvoll wie Gott über allen „weltlichen und geistlichen Bedürfnissen" und Besitztümern.

Ihm wird alles „untertan", wenn er kühn genug ist, sich aus den beengenden Verhaftungen zu lösen. So entwickelt Johannes aus dem Armutsideal Teresas seinen das ganze Werk durchziehenden Hauptgedanken des Von-allem-Entblößtseins, des „Nichts", darin sich seine Einmaligkeit in der Geschichte der Mystik bezeugt. Dieser Gedanke begründet auch seine Universalität, seine Allgemeingültigkeit über die geistig führende Rolle im Orden hinaus. Weil er „das letzthin Aussagbare und Denkbare zum Leben erweckt und ins Leben intergriert, besser: das Leben in dieses Äußerste und Tiefste hinein versenkt und darin wiederum das Äußerste und Höchste findet, nämlich das Alles, Gott, das absolute Sein. Es ist das Nichts eines jeden Gottsu-

chers und die letzte und einzige Konsequenz, die dem
Bewußtsein um das relative und absolute Sein ein-
leuchten muß. Daß bei Juan (Johannes) die Liebe als tra-
gendes Element ins Spiel kommt, sich ergebend aus
dem Akt des Suchens und Sich-Vollendens im Nichts,
ist ebenfalls universal. Man findet sie bei allen großen
mystischen Strömungen, wo es um Gottsuche geht.
Juan gelingt es, das Feuer der Liebe, das Nichts und
Gott in einer Weise zur Vollendung zu bringen, daß es
scheint, alle anderen Formen von Gottsuche seien darin
eingeschlossen, alle anderen Lehren über Mensch,
Welt, Gott" (Meier 177).

Diesen aus einer Dissertation zitierten Schlußfolge-
rungen sei, wie es auch der Brief an María de Jesús
zeigt, hinzugefügt, daß der vollendete existentielle
Vollzug des Nichts für Johannes in Christus vorgelebt
wurde, in seiner Armut und seinem jeden Halts be-
raubten Kreuzestod. Der Heilige schlägt eine direkte
Brücke zwischen diesem Tod und der kontemplativ läu-
ternden Erfahrung. Wie auf die liebende Hingabe des
Lebens die Auferstehung folgte, so schafft der sich las-
sende Durchgang durch das Nichts der Geschöpflich-
keit die Voraussetzung für alle Seligkeit der Unio
mystica, die, wie Edith Stein zeigt, ein Wagnis der Freiheit ist:

„Das Entscheidungsrecht über sich selbst steht der
Seele zu. Es ist das große Geheimnis der persönlichen
Freiheit, daß Gott selbst davor Halt macht. Er will die
Herrschaft über die geschaffenen Geister nur als ein
freies Geschenk ihrer Liebe. Er kennt die Gedanken des
Herzens, Er durchschaut die tiefsten Gründe und Ab-

gründe der Seele, in die ihr eigener Blick nicht dringt, wenn Gott sie nicht eigens dafür erleuchtet. Aber Er will nicht von ihr Besitz ergreifen, ohne daß sie selbst es will. Doch tut Er alles, um die freie Hingabe ihres Willens an den Seinen als Geschenk ihrer Liebe zu erlangen und sie dadurch zur beseligenden Vereinigung führen zu können. Das ist das Evangelium, das Johannes vom Kreuz zu verkünden hat, dem alle seine Schriften dienen. (...) Johannes selbst schildert die mystische Vermählung als freiwillige Hingabe Gottes und der Seele aneinander und schreibt der Seele auf dieser Stufe der Vollkommenheit eine so große Macht zu, daß sie nicht nur über sich selbst, sondern sogar über Gott verfügen kann" (Stein 144 f).

Diese Aussage findet sich besonders deutlich in der „Lebendigen Flamme der Liebe", in der es heißt: „Weil der Wille beider (Gottes und der Seele) eins geworden ist, ist auch ihr Wirken eines. Wenn sich ihr also Gott in freier Gnade schenkt, gibt auch die Seele, deren Wille um so freier und großmütiger wird, je mehr sie Gott geeint ist, Gott selbst in Gott an Gott. Das ist die wahre Hingabe der Seele an Gott" (L 3, 78). „Darum", sagt Edith Stein, „ist die Hingabe der eigenen Person zugleich die kühnste Besitzergreifung, die alles menschliche Begreifen übersteigt" (Stein 161).

Auf diesem Hintergrund wird verständlich, daß Johannes in seinem Brief an María de Jesús zu so starken Formulierungen wie „glückseliges Nichts" und „kostbare Kühnheit" greift. Doch bleibt die Erfahrung den irdischen Bedingungen unterworfen. Von der Kontemplation her gesehen muß die Voraussetzung des

„Gebets der Ruhe" (wie die heilige Teresa es nennt) schon geschaffen sein, Sinnestätigkeit und Nachdenken müssen ihre Eigentätigkeit eingestellt und sich Gottes Wirken überlassen haben. Dem folgt dann als nächster Schritt das „Gebet der Einung" (Teresa), das Johannes die passive Nacht des Geistes und der Sinne nennt. Hier wird die Eigenmächtigkeit von Verstand, Willen und Gedächtnis gleichermaßen losgelassen, nach dem Verständnis der Zeit der ganze innere Mensch. Dann wird Gott Führer sein in jener schützenden Finsternis, in der subjektiv oft leidvoll erfahrenen, objektiv aber „glückseligen Verborgenheit des Herzens", von der im folgenden als „Dunkel des Glaubens" die Rede sein soll.

DUNKLER GLAUBE

An Doña Juana de Pedraza in Granada

Segovia, den 12. Oktober 1589

Jesus sei in Ihrer Seele!

Und Dank sei ihm, der Sie mir gab, damit ich, wie Sie sich ausdrücken, „mich nicht zufrieden zu Tisch setze* und die Armen vergesse!" Wenn ich denke, Sie könnten wirklich meinen, was Sie da sagen, packt mich der Zorn! Das wäre ja schlimm nach so vielen Beweisen Ihrer Verbundenheit, und gerade dann, wenn ich sie am wenigstens verdiente. Sehen Sie, mir liegt ja nichts ferner, als Sie zu vergessen!

Aber Ihnen, die Sie jetzt diese Dunkelheit und Leere geistiger Armut durchwandern, muß es so vorkommen, als hätten Sie alle und alles verloren. Das ist ja auch kein Wunder, wenn es Ihnen sogar doch scheint, als habe Gott Sie verlassen. In Wahrheit aber haben Sie gar nichts verloren, es ist nicht nötig, überhaupt davon zu reden. Es gibt einfach keinen Grund, und

---

* Wörtlich „como a la sombra" = „im Schatten speise". Redensart in einem Lande, das unter Sonnenglut leidet. (Vgl. den sehr erheblichen Irrtum einer verbreiteten Übersetzung „gleich einem Schatten": die Verbform wurde als Adverb mißverstanden).

Sie selbst werden weder einen wissen noch einen finden, weil alles nur unbegründete Vermutung ist.

Wer nichts anderes sucht als Gott, geht nicht im Finstern, wie dunkel und armselig er sich auch fühlen mag. Wer sich nichts einbildet und nicht den eigenen Vorteil sucht, weder bei Gott noch bei den Geschöpfen, wer weder in diesem noch in jenem das eigene Gutdünken befriedigen will, der braucht auch weder über etwas zu stolpern, noch müßte er Gespräche führen. Sie sind auf einem guten Weg, haben Sie Vertrauen und freuen Sie sich! Wer sind Sie denn, daß Sie sich Gedanken machen müßten? Sie täten sich damit sehr unrecht. Noch nie waren Sie so gut daran wie jetzt, denn noch nie waren Sie so demütig und bereit, weder sich selbst noch das Weltliche zu überschätzen.

Was wollen Sie also? Welch einen Lebensentwurf haben Sie sich gemacht? Was meinen Sie denn, was es heißt, Gott zu dienen, wenn nicht: nichts Böses tun, seine Gebote halten und uns nach Kräften für ihn einsetzen? Wenn wir das erfüllen – was sollen dann noch andere Bestrebungen und Erklärungen und Befriedigungen von diesseits und jenseits, die immer auch Gefahren und Fallstricke in sich tragen, so daß die Seele sich an ihrer Erkenntnis und ihrer Lust berauscht und mitsamt ihren Fähigkeiten in die Irre geht?

So ist es denn eine große Gnade, wenn Gott diese Fähigkeiten in Armut und Dunkelheit versenkt, so daß sie mit ihnen keine Fehler mehr machen kann. Und wenn sie sich nicht mehr irrt, dann gibt es auch nichts mehr herumzurätseln. Es gibt nur noch den schlichten und ebenen Weg des Willens Gottes und seiner Kirche, und nur noch ein Leben im dunklen und wahren Glauben, in sicherer Hoffnung und ganzer Liebe. Wir müssen unser Heil nicht hier erwarten, wo wir als Pilger leben – arm, verbannt, verwaist – wo nichts uns tröstet im Wegelosen, da wir jedoch all unser Hoffen auf das Dort gesetzt haben.

Freuen Sie sich, und vertrauen Sie Gott, der Ihnen Zeichen gab, daß Sie alles sehr wohl können und darum auch tun müssen. Denn anders könnte es leicht sein, daß Gott ärgerlich wird, wenn er sieht, wie begriffstutzig Sie sich verhalten, obwohl er Sie den für Sie richtigsten Weg führte und Sie an einen so sicheren Ort* brachte. Wünschen Sie nichts anderes als diese Weise und lassen Sie Frieden einziehen in Ihre Seele, um die es gut bestellt ist. Und kommunizieren Sie wie gewohnt. Beichten Sie nur bei ganz klarem Anlaß, über den nicht zu diskutieren ist. Gibt es aber doch etwas zu bereden, so schreiben Sie es mir. Und schreiben Sie mir gleich und überhaupt öfter. Senden Sie die Briefe über Doña Ana (de Peñalosa), wenn es über die Nonnen nicht gehen sollte.

Ich war etwas unpäßlich, aber nun geht es wieder gut. Doch Fray Juan Evangelista ist krank. Beten Sie für ihn und mich, meine liebe Tochter im Herrn!

WIRKEN IN GRANADA

Der Ruf des Johannes vom Kreuz als Seelenführer zog in Granada auch ungezählte Weltleute in sein Sprechzimmer und seinen Beichtstuhl. Er wurde der legitime Nachfolger des berühmten „Apostels von Andalusien", Juan de Ávila, der noch der heiligen Teresa mit einem Gutachen zu Hilfe gekommen war, als man sie wegen ihrer in der Autobiographie geschilderten mystischen Erfahrungen der Häresie und des Teufelsbundes verdächtigte. An Johannes vom Kreuz schätzte man die lie-

---

* Der Heilige meint: in das Dunkel des Glaubens, des Hoffens und Liebens.

bevolle Unbestechlichkeit, die Feinfühligkeit und Inspiration des Künstlers, die sich dem Wissen um alle Höhen und Tiefen der Erfahrung verband.

So kommt auch die 25 Jahre junge Juana de Pedraza, eine Andalusierin aus Baeza, die nun in Granada lebt, regelmäßig zum Gespräch. Johannes nennt sie zärtlich „meine Tochter im Herrn", Herzlichkeit und Vertrauen verbindet ihn mit dieser jungen Frau. Sie bringt soviel Neigung für das Geistliche mit, daß sie in späteren Jahren in ihrem Hause klösterlich leben wird. Zum Seligsprechungsprozeß des Johannes trägt sie 1627, mit nunmehr 63 Jahren, durch Berichte bei, aus denen Bewunderung und Liebe klingen. Auch besitzt sie von dem Heiligen aus der Zeit ihrer Besuche ein kleines Porträt, das ihn kniend zeigt, mit gefalteten Händen, im Hintergrund die Berge der Sierra Nevada. Sein ovales Angesicht, so schildern Augenzeugen das Porträt, drückte eine einzigartige Sanftheit aus. Die Nase ein wenig gebogen, die Brauen klar gezeichnet und geschwungen, der tiefe, beseelte Blick. Die hohe Stirn verlor sich „in eine verehrungswürdige Glatze" (Crisógono 234).

Zweimal war Juana Zeugin der prophetischen Gabe ihres geistlichen Führers. Das erste Mal bat er sie, nach dem Gespräch noch bis zu einem bestimmten Zeitpunkt im Kloster zu bleiben, sie sei sonst auf ihrem Heimweg gefährdet. Tatsächlich brach ein schweres Gewitter los, wütete über dem Berghang, den Juana bis zur Stadtmitte von Granada hinabsteigen mußte, und hörte genau zu dem Zeitpunkt auf, den Johannes angegeben hatte. Immer wieder ging die Fürsorge des

Beichtvaters weit über das Gespräch hinaus, er kümmerte sich auch um die materielle Situation seiner geistlichen Kinder, gab noch ab von der Armut seines Klosters.

Ein anderes Mal wurde wegen der Versorgung eben dieses Klosters das Gespräch zwischen Juan und Juana dreimal unterbrochen: man hatte weder Geld noch Lebensmittel, und der zuständige Mönch wollte durchaus einen Bittgang in die Stadt unternehmen, was ihm Johannes dreimal versagte. Der immer wieder unterbrochenen Juana aber gestand er: er wisse, daß gleich Hilfe kommen werde. Und tatsächlich, als Juana de Pedraza die Pforte verließ, kam ihr eine Frau entgegen, die Dukaten brachte – reichlich genug für alles, was man benötigte.

Persönlich noch beeindruckender war eine Erfahrung, von der sowohl Juana wie auch der am Briefende erwähnte Juan Evangelista berichten: Mehrmals, wenn sie an den Heiligen schrieben, beantwortete dieser schriftlich schon im gleichen Moment ihre Fragen. Frage- und Antwortbrief überkreuzten sich! Diese medialen Fähigkeiten werden auch von kontemplativen Meistern anderer Religionen berichtet. Das Versunkenheitsbewußtsein scheint solches zu fördern.

Bei der Intensität der gemeinsamen „Seelenarbeit" war es traurig für die junge Juana, daß ihr geistlicher Führer nach Segovia berufen wurde. Johannes wußte es. Während er im kalten kastilischen Winter eigenhändig die Erweiterungsbauten vorantrieb, während er Verhandlungen führte zum Ankauf neuen Geländes, während seine Umwelt immer häufiger von Wundern flüsterte, vergaß der Heilige nicht seine andalusische Tochter. Am 28. Januar 1589 schrieb er ihr einen Brief, Zeugnis des tiefen Verstehens und seiner Sorge um das verlassene Beichtkind. Dieser Brief, der wegen unlesbar gewordener Stellen viel ungesicherte Restaurationsarbeit erforderte, sei hier nur gekürzt wiedergegeben: Johannes versteht und bedauert Juanas Klagen über Einsamkeit und mangelnde innere Orientierung, aber er empfiehlt ihr auch einen engen brieflichen Kontakt mit ihm und erklärt ihr, daß aus ihren Leiden gesteigerte Gottesliebe erwachsen will. Er zeigt ihr das Ziel:

„O Herr und großer Gott der Liebe! Wie reich machst du den, der einzig dich liebt und in dir sich freut, denn du selbst schenkst dich ihm und wirst eins mit ihm in Liebe."

Und er zeigt ihr den Weg:

„Da es uns aber, wie unserem Geliebten, bis in den Liebestod hinein nicht am Kreuz fehlen darf, läßt er uns dort am meisten leiden, wo wir am tiefsten lieben. Doch alles das währt nur einen Augenblick, nicht länger als das Zücken des Messers – und Isaak bleibt am Leben, ja, zahllose Söhne werden verheißen. Es braucht Geduld, liebe Tochter, bis wir verstehen, daß unsere Armseligkeit uns hilft, dieses Leben zu verlieren, um in das ewige Leben mit seiner Seligkeit zu gelangen."

Die Anspielung auf das Opfer des Abraham (Gen 22,1–18) ist ermutigend, denn Abraham mußte das Schreckliche nicht vollziehen, die absolute Bereitschaft zum Gehorsam genügte. Und das Verlieren dieses Lebens ist wiederum symbolisch gedacht, im Sinne des Jesuswortes: „Wer aber sein Leben um meinetwillen verliert, der wird es retten" (Lk 9,24). So ist auch der Liebestod gemeint, ein altes Troubadourmotiv, das Ramon Llull in die spanische Mystik brachte*. Ein so völliges Aufgehen im Geliebten, daß es einem „Hinübergehen", einem Sterben gleicht. Nicht zufällig hatten sowohl die heilige Teresa wie ihr Ordenssohn Johannes jeder von dem Refrain eines volkstümlichen Liebesliedes her ein großes Gedicht geschrieben, das von einer kaum noch erträglichen, aber verwandelnden Kraft der Liebe spricht, die erfahren wird als paradoxes „daß ich sterbe, weil ich nicht sterbe".

Der zielbewußte Trostbrief des geistlichen Führers tat seine Wirkung. Sie ist abzulesen am eingangs zitierten Schreiben vom 12. Oktober, also etwa acht Monate später. Zunächst versichert Johannes Juana seiner sorgenden Liebe, spontan und unbefangen. Dann nimmt er das Motiv des früheren Briefes wieder auf: Das „Verlieren", das für Juana jetzt zu einer umfassenden Realität geworden ist, zum Gefühl der Gottverlassenheit und des Dunkels, so daß es ihr, um noch einmal zu zitieren, „nicht am Kreuze fehlt". Das Dunkel ist dann das

---

* Vgl. E. Lorenz, Ramon Llull, Herderbücherei Nr. 1198 und Der nahe Gott, Herder 1985.

Stichwort, das Johannes aufgreift und als eigentliches Thema des Briefes variierend „durchführt" wie eine Bach'sche Fuge. Und er zeigt ihr behutsam, daß sie selbständiger werden muß, ohne daß er aufhört, menschlich für sie dazusein.

Das Dunkel, von dem Johannes hier spricht, ist wieder eine „Nacht". Es war in den Kommentaren zu diesen Briefen schon mehrfach von Nacht und Nächten die Rede, deren Vielzahl zunächst verwirrt, deren Bedeutungen sich überschneiden. Es sei darum wiederholt, daß Johannes weder als Philosoph noch als Schulmeister schreibt. Er versucht den unsagbaren Gehalt seiner Gedichte in immer wieder neuen Ansätzen und aus immer wieder anderen Perspektiven der umkreisenden Bewegung darzulegen.

Künstlerischer und theologischer Ausgangspunkt seines Nachtbegriffes ist der Kirchenvater Dionysius Areopagita, der um 500 lebte und dessen Schriften so eindrucksvoll waren, daß seine „negative Theologie" auch in die Scholastik gelangte. Diese Theologie, die sich in der Bezeichnung „negativ" keineswegs erschöpft, geht aus von der Unerkennbarkeit Gottes, in der sich das Positive seiner absoluten Ursprünglichkeit und Überlegenheit ausdrückt. Es überbrückt alle Gegensätze, so daß der unsäglichen Ferne auch eine unsägliche Nähe entspricht, alles dieses, wenn wir es zu fassen suchen, immer schon verfälschend herabgemindert.

Darum ist der einzig sichere Weg zu diesem Gott Dunkel oder, poetischer und hoffnungsvoller ausgedrückt: Nacht. Denn die Nacht geht vorüber. Sie entspricht, das macht Johannes immer wieder spürbar, am besten dem, was der Areopagit meint, wenn er sagt: „Laßt uns also jenes alles Sein übersteigende Dunkel erkennen, das sich unter dem Licht aller seienden Dinge verbirgt ... und in diesem Dunkel: Gott" (Dionysius Areopagita 58 f).

NACHT UND NÄCHTE

Das Sichüberschneiden der „Nachtarten" macht das Werk des Johannes oft seinerseits dunkel, wird aber verständlich, wenn man die verschiedenen Perspektiven bedenkt. Einerseits arbeitet Johannes mit einem abstrakten scholastischen Schema, das von dem Menschenbild seiner Zeit ausgeht. Der Mensch besteht aus einem *„niederen"* Teil, nämlich den fünf Sinnen und den eng daran gebundenen Fähigkeiten des Vorstellungsvermögens und der Phantasie. Und aus einem *„höheren"*, nämlich den schon mehrfach erwähnten drei Seelenvermögen Verstand, Gedächtnis und Wille, die nach Augustinus in ihrer Dreiheit eine trinitarische Analogie oder „Spiegelung" sind und die Hinordnung des Menschen auf Gott nicht symbolisieren, sondern belegen. Diese Vermögen haben es im Leben schwer, denn sie sind auf Gott hin geöffnet, sie finden nur im Vollkommenen und Unendlichen wirkliches Genügen, und sie sind andererseits durch die menschliche Begrenztheit unfähig, von sich aus zu Gott zu gelangen. Dazu bedarf es, wie schon früher gesagt, umwandelnder, schmerzhafter Prozesse, durch die der scheinbar absolute Abgrund zwischen Schöpfer und Geschöpf überbrückt wird. Denn philosophisch gesehen schließen beide einander aus, das Geschöpf ist nicht Gott und Gott ist nicht Geschöpf, alles Geschaffensein verhilft nur zu Spuren und Spiegelungen. Das tiefste Bedürfnis des Menschen will jedoch paradoxer- und beseligenderweise Gott selbst, will ihn aus erster und nicht aus zweiter Hand.

Darum sind die Umwandlungen so hart, daß sie dem Tode gleichkommen, dem Kreuzestod Christi – Durchgang zum Licht der Herrlichkeit Gottes. Sie basieren auf Läuterungen, die schrittweise, aktiv und passiv zu vollziehen sind.

Aktiv ist Johannes, der für seine Ordensleute schreibt, vor allem an der Läuterung der Seelenkräfte interessiert. Der geläuterte Verstand wandelt sich in Glauben, das geläuterte Gedächtnis in Hoffnung, der geläuterte Wille in Liebe, wobei alle drei in einem sich gegenseitig stützenden Zusammenhang stehen. *Passiv* meint Johannes die geheimnisvollen Prozesse der Gotteinung, die an die Wurzel des Menschseins greifen, aus denen Unendliches erwächst. Das ist der Sinn von Kontemplation, die aus der wiederholten begrenzten Übung in Zuständlichkeit übergeht – anders ließe sich nicht von verwandelnder Kraft der kontemplativen Erfahrung sprechen.

Aus dieser Sicht gibt es dann drei dynamische Nächte, die im Grunde, wie Johannes selbst sagt, „nur eine einzige Nacht" sind (S I, 2,5). Dabei spielt der Glaube eine zentrale Rolle, er ist das tiefe Dunkel der Mitternacht. Johannes erläutert:

„Die Seele macht auf ihrem Weg zur Gotteinung eine Erfahrung des Überganges, die wir aus drei Gründen als Nacht bezeichnen können: Erstens vom Ausgangspunkt her, denn die Seele muß anfangs einen totalen Verzicht auf die Freuden und Genüsse dieser Welt leisten. Zweitens von der Mitte oder vom Weg her, den sie im Glauben gehen muß. Der aber ist ihrem Verstand eine sehr dunkle Nacht. Drittens weil Gott, das Ziel und Ende ihrer Wanderschaft, ihr in diesem Leben nicht mehr und nicht weniger ist als nächtliches Dunkel. Diese drei Nächte müssen durch die Seele ziehen, oder richtiger, die Seele muß durch die Nächte gehen, um zur Unio mystica mit Gott zu gelangen" (S I, 2, 1).

Der Glaube hat also auf diesem nächtlichen Weg eine zentrale Stellung und ist besonders dunkel, weil er sich auf den „Verstand" bezieht, d. h. auf alle geistigen Kräfte, die glaubend überschritten und in gewissem Sinne als unzureichend „vernichtet" werden. Das geistige Nichts ist schwerer zu ertragen als das sinnliche. Und die dritte Nacht als Nacht Gottes ist, so erläutert Johannes, darum nicht so dunkel wie der Glaube, weil in ihr das Gefühl der Verlassenheit hin und wieder von kurzen Gotteserfahrungen durchbrochen wird, denn Gott beginnt „im dritten Teil der Nacht die Seele schon mit einem Strahl seines göttlichen Lichtes zu erleuchten, das als übernatürliches den Beginn der vollkommenen Unio mystica verkündet" (S II, 2, 1).

Warum ist nun der dunkle Glaube so zentral wichtig? Das war die Frage, die Karol Wojtyła, heute Papst Johannes Paul II., um das Jahr 1950 herum in seiner mehrfach erweiterten und übersetzten Dissertation (ursprünglich in lateinischer Sprache) behandelte. Wojtyła, der ein besonderes Gespür für das Denken und die Erfahrung des Johannes vom Kreuz mitbringt, beantwortet diese Frage mit dem Hinweis auf die wesentliche Gottähnlichkeit des Glaubens (Wojtyła 248). Es geht hier nicht um Zustimmung zu den geoffenbarten Wahrheiten – diese Zustimmung wird von Johannes vorausgesetzt – auch nicht um einen Glauben an sich, sondern um einen in Liebe gelebten Glauben, Medium der Vereinigung mit Gott (vgl. Wojtyła 245). Um es mit Johannes selbst zu sagen: Der Glaube ist „für den Verstand das direkte und adäquate Medium, damit die Seele zur göttlichen Liebeseinung gelangen kann" (S II, 9). Ja, je mehr Glaube die Seele hat, um so mehr ist sie Gott geeint.

DER BLINDENFÜHRER

Daß das möglich ist, liegt an dem göttlichen Offenbarungscharakter, denn im Glauben öffnet sich der auf die Eigenerkenntnis verzichtende Verstand dieser Offenbarung, die sich im Leben, Sterben und Auferstehen Jesu Christi, in der hiervon abgeleiteten Lehre der Kirche und auch ganz direkt als Wirken des Heiligen Geistes im kontemplativen Beten äußert.

Im Brief an die junge Juana, der ein Verständnis dieser Zusammenhänge durchaus zugemutet wird, verweist Johannes auf die Schrift und die Lehre der Kirche, denn Juana gehört keinem (kontemplativen) Orden an. Sie soll aufhören, mit dem Verstande Erhellungen und

Erkenntnisse zu suchen, soll nicht rätseln und räsonnieren, sondern sich der Sicherheit des Dunkels anvertrauen, in der der Glaube den Blindenführer abgibt, wie es im Aufstieg zum Berge Karmel heißt (S II, 1, 2). Er ist Blindenführer durch seine Ähnlichkeit mit Gott, er überbrückt den Abgrund zwischen Vollkommenheit und Unvollkommenheit, Gott und Kreatur, denn er birgt in sich selbst die Gottheit.

Deshalb ist dem Johannes die alttestamentliche Geschichte von Gideon so lieb, daß er sie nicht nur im „Aufstieg" erzählt, sondern auch in einem Brieffragment verwendet, das aus dem Jahre 1586 stammt. Er spricht darin von den Soldaten Gideons, die die israelfeindlichen Midianiter besiegen, indem sie des Nachts ihr Lager umstellen mit Fackeln, die in Tonkrügen verborgen sind. Mit dem Zerschlagen der Krüge ist der Sieg offenbar (vgl. Ri 7). Für die karmelitische Adressatin deutet Johannes den Ton der Krüge als „Trockenheit im Sinnenhaften, während innerlich der Geist wohlauf und entflammt ist." Im Werk des „Aufstiegs zum Berge Karmel" geht er weiter: „Wenn eine Seele in diesem Leben zur Gotteinung gelangen und sich Gott unmittelbar verbinden will, (...) so muß sie die dunklen Krüge Gideons halten, um das Licht in ihren Händen (d.h. im Wirken des Willens) zu haben, das die Liebeseinung bedeutet, wenn auch im Dunkel des Glaubens." Erst mit dem Tode, d.h. dem am Ende wie die Tonkrüge zerbrechenden Leben, erscheint das göttliche Licht in seiner ganzen Herrlichkeit (S II 9, 4 u. 3).

Die eigentliche Umwandlung der Seele, dieses „Nachtprogramm" des Johannes, erfolgt durch die

Liebe, die Gott, der das Bemühen „der Seele" sieht, in seiner Gnade schenkt, so daß die Ähnlichkeit schon im Erdenleben zur relativen Gleichheit wird. Zur Gleichheit im Wollen und Lieben, denn Mensch und Gott behalten wesenhaft auch in der Unio mystica ihre Verschiedenheit. Aber diese Gleichheit im Wollen und Lieben vollzieht sich mit Hilfe des Glaubens, der die höheren „Widersetzlichkeiten" des Unähnlichen wegräumt. Dieses Wegräumen führt zum ersehnten „Liebestod", wie auch Karol Wojtyła resümiert, einen Tod, durch den allen Seelenvermögen (und damit dem Verstand) das Tor zu jener göttlichen Unbegrenztheit aufgetan wird, für die sie eigentlich bestimmt sind (Wojtyła 253).

Es geht also in dem Brief des Johannes mit dem dunklen Glauben ebenso um Liebe und Hoffnung, die der Heilige ja auch erwähnt. Um es mit einem großen Theologen, Hans Urs von Balthasar, zu sagen:

„Glaube als Verlegung aller Wahrheitskriterien aus dem verstehenden Ich in das ewige Du, Hoffnung als Verzicht auf jedes rückgreifende Gedenken an weltlich tröstende Inhalte und Motive, Liebe als Übergabe des ganzen Eigenseins an den geliebten Gott. Diese dreieinige Haltung des liebend-hoffenden Glaubens und des glaubend-hoffenden Liebens bestimmt Juan (Johannes) nun aber zugleich als Erfahren Gottes (jenseits aller akthaften psychologischen Erfahrung)* und als zuständliche Kontemplation" (Balthasar 493).

---

* Das heißt: nicht die Glücksgefühle, inneren Bilder oder Worte usw., sondern eine „dunkle Kenntnis der Liebe" („noticia oscura amorosa"), sagt Johannes vom Kreuz (S II, 24, 2), ein „dunkles Universalwissen und -fühlen" (S II, 14, 6; Balthasar 495).

Das Dunkel des Glaubens gibt also, wie Johannes in seinem Brief betont, Sicherheit, weil der Verzicht auf selbsterworbene Verstandeserkenntnis auch vor Täuschungen bewahrt. Alles dieses erklärt Johannes seiner geistlichen Tochter in einem liebevoll-vertrauten Ton, nicht etwa in der Kühle der Scholastik: Gott könnte ärgerlich werden, wenn man seine guten Absichten verkennt, und Juana soll das Grübeln lassen, da es gut um sie bestellt ist. Der am Briefende erwähnte Pater Juan Evangelista ist der Sekretär des Johannes. Vielleicht ist es seiner Krankheit zu verdanken, daß wir diesen Brief vom 12. Oktober 1589 als Autograph besitzen.

Juan Evangelista, 1562 in Úbeda geboren, empfing Weihnachten 1582 den Habit aus den Händen seines Priors Johannes vom Kreuz. Dieser förderte den begabten jungen Mönch, machte ihn zu seinem Sekretär, schließlich sogar zu seinem Beichtvater, der ihn in dieser Doppelfunktion auf seinen Reisen begleitete. Der Jüngere erwies sich der Freundschaft als würdig, stand später in allen Schwierigkeiten treu zu Johannes, aus dessen Leben er besonders wertvolle Details überlieferte. Er wurde Prior der Klöster von Alcandete (Jaén) und Granada, wo er 1638 starb.

Der Brief an Doña Juana de Pedraza, einer der dichtesten und schönsten des Heiligen, dieser Brief an eine weltliche Tochter, zeigt die Gültigkeit seiner geistlichen Führung. Er setzt dort an, wo wir uns angesichts der strahlenden Vollkommenheit Gottes der eigenen Nichtigkeit bewußt werden, unserer „radikalen Ungöttlichkeit, Unnotwendigkeit, Überflüssigkeit" (Görres 72). Gott leidet keinen Mangel, den wir stillen könnten.

„Diese Einsicht ist ebenso geeignet, zur huldigenden Anbetung zu entflammen – es ist wunderbar, daß es das von uns ganz und gar unabhängige Heilige und Vollkommene gibt – wie sie geeignet ist, Auflehnung, Ärgernis des Auch-Geistes zu provozieren, der seine Nichtigkeit vor dem Unendlichen, die leere, erfüllungsbedürftige Mitte seiner ‚Wirklichkeit ablehnt, weil er sie unerträglich findet' (Freud)" (Görres 73).

Johannes weist den Weg zur huldigenden Anbetung, zum Glauben auf der Basis einer immer stärker entflammten Liebe. Karol Wojtyła sieht in der Ernennung des Doctor mysticus zum Kirchenlehrer im Jahre 1926 vor allem die Bestätigung seiner Lehre vom dunklen Glauben (Wojtyła 6).

SKRUPEL

An eine Karmelitin

> *Vor Pfingsten, (wahrscheinlich 1590)*

Leben Sie in diesen Tagen ganz in dem Wunsche, daß der Heilige Geist kommen möge, und machen Sie sich am Pfingstfest und auch danach seine Gegenwart bewußt. Das muß für Sie so wertvoll und wichtig sein, daß Sie nichts anders interessiert und Sie nichts anderes beachten, also auch weder Gewissensbisse noch andere belastende Erinnerungen. Gehen Sie in diesen Tagen über alles hinweg, was bei Ihnen im Hause an Fehlern vorkommen mag, um der Liebe des Heiligen Geistes und um des Seelenfriedens willen, denn er wohnt gern in einer ruhigen Seele.

Wenn Sie Ihren Skrupeln ein Ende bereiten könnten, hielte ich es im Interesse der inneren Ruhe für besser, nicht zur Beichte zu gehen. Wenn Sie aber doch gehen wollen, so beichten Sie folgendermaßen:

Was Ihre Gedanken und Überlegungen angeht, möge es sich nun um Einfälle handeln oder um ungeordnete Strebungen, Vorstellungen und sonstige Anstöße, die unwillkürlich erfolgen, ohne daß die Seele ihnen zustimmt oder bei ihnen verweilt, so sollen Sie diese nicht beichten und sich nicht darum kümmern und sorgen. Am besten ist es, dieses alles zu vergessen, mag auch die Seele sich sträuben; wenn die Qual aber zu schlimm ist, mögen Sie nur ganz generell beichten, daß es Unterlassungen und Nachlässigkeiten gab bezüglich der Reinheit und Makellosigkeit, in der Sie Ihre inneren Fähigkeiten, das Gedächtnis, den Verstand und den Willen halten sollen.

Was die Worte betrifft, so nennen Sie nur das Zuviel und die geringe Zurückhaltung, die Sie vielleicht zeigten im Vergleich zu der Wahrheit, Aufrichtigkeit, Notwendigkeit und reinen Absicht, die wir beim Reden beobachten sollen.

Bezüglich der Werke beichten Sie nur eventuelles Abweichen von dem einzig richtigen Ziel, das ganz bedingungslos Gott allein ist. Wenn Sie so Ihre Beichte ablegen, können Sie zufrieden sein, ohne etwas von allen diesen Einzelheiten gesagt zu haben, auch wenn es Ihnen schwer fällt.

Kommunizieren Sie Pfingsten noch zusätzlich zu Ihren gewohnten Tagen.

Sollten sich irgendwie Unlust und Mißstimmungen einstellen, so schweigen Sie und denken an den gekreuzigten Christus.

Leben Sie, wenn auch im Dunkel, in Glauben und Hoffnung, denn in dieser Finsternis steht Gott der Seele bei. Werfen Sie all Ihre Sorgen auf ihn, er wird sie Ihnen abnehmen und Sie nicht vergessen. Denken Sie nicht, er ließe Sie allein, Sie täten ihm damit Unrecht.

Sie sollten lesen, beten und fröhlich sein in Gott, Ihrem Heil und höchsten Gut. Er möge es Ihnen schenken und unversehrt erhalten bis zum Tag der Ewigkeit. Amen! Amen!

AMEN! AMEN!

Was sind Skrupel? Das Wort kommt vom lateinischen scrupulus, spitzes Steinchen. Ein winziges spitzes Steinchen, an dem man Anstoß nimmt. „Eine Genauigkeit", schreibt das deutsche etymologische Wörterbuch, „die so ängstlich ist wie der Gang über spitze Steine." Als „scrupulum" bedeutet es den kleinsten Teil eines Gewichts. Sozusagen ein Gramm Sünde auf der Waagschale der Gewissenserforschung. Etwas, das überhaupt nicht wiegt. Und das doch von dem, der unter „Skrupeln" leidet, als so unangenehm, so schmerzhaft empfunden wird wie der Gang über spitze Steine.

Das überempfindlich registrierende Gewissen dürfte wohl jedem, der sich um ein gottgefälliges Leben bemüht, bekannt sein. Sind wir doch niemals vollkommen. In der Zeit des Johannes sprach man freilich viel, vielleicht zu viel von den „Vollkommenen", und nicht nur die heilige Teresa schrieb einen „Weg der Vollkommenheit". Heute formuliert ein Kardinal Ratzinger, der sich keine Laxheit erlauben darf: „Der ‚Stand der Vollkommenheit' ist in Wahrheit die dramatischste Darstellung der bleibenden Unvollkommenheit des Menschen" (Ratzinger 210), und er fügt hinzu: „Zwar gibt es in der Kirche einen ‚Stand der Vollkommenheit', in dem man sich zum Hinausgehen über das Gebotene, zum Überfluß verpflichtet. Aber die ihm zugehören, werden die letzten sein zu leugnen, daß sie gerade so immer wieder am Anfang stehen und voller Ungenügen sind." Es ist also gar nicht so leicht, zwischen der Skylla der immer Unvollkommenheit registrierenden

Selbsterkenntnis und der Charybdis eines bequemen Laufenlassens hindurchzukommen. Besonders, wenn man dem Ordensstand angehört, der traditionell als der vollkommene angesehen wurde; dazu noch einem kontemplativen Orden, denn wenn man in der mystischen Theologie von Anfängern, Fortgeschrittenen und Vollkommenen spricht, so meint das weniger die innerliche Verwirklichung des Geistes Christi, die viele Gesichter haben kann, aber immer im letzten ein nur Gott zugängliches Geheimnis bleibt, als vielmehr die Entsprechung zu den drei Entwicklungsstadien Läuterung – Erleuchtung – Unio, wie sie aus dem Neuplatonismus ins Christentum gelangten. Wer perfekt ist in der Kontemplation, ist vollkommen.

So sah sich also diese Karmelitin mit vielfältigen Forderungen konfrontiert, denen gegenüber es gewiß nicht immer leicht war, das seelische Gleichgewicht zu wahren. Der geistliche Führer muß, so sieht man es heute, vier Aufgaben lösen: 1. Die Hinführung zur Selbsterkenntnis, 2. die Anleitung zur Annahme seiner selbst, 3. die Hilfe zur Lösung vom eigenen Ich und 4. das gemeinsame Suchen nach dem konkreten Willen Gottes (vgl. Wulf).

Nun war die Seelenführung des 16. und 17. Jahrhunderts so umfassend und für die Persönlichkeitsentwicklung wichtig, wie etwa heute unsere Psychotherapie im weitesten Sinne. Und gewiß spielte dabei – wie heute – eine schwierige Rolle die Annahme des „Schattens", d.h. die ins Unbewußte verdrängte Schuld oder das ins Unbewußte verdrängte Schicksal, unsere Unzulänglichkeit überhaupt, von der Joseph Ratzinger sprach.

Die Annahme des Schattens ist im Grunde nur zu leisten, wenn wir, wie Johannes Bours schreibt, „erfahren haben, daß wir von einem anderen angenommen sind, obwohl dieser andere unseren Schatten erkannt hat" (Bours 120). Dieser andere ist in letzter Instanz Gott, die Barmherzigkeit, die sich in Jesus Christus offenbart. In vorletzter und als Hinleitung entscheidende Instanz aber kann es der Beichtvater sein, der Seelenführer.

Es mag auch sein, daß ein ängstliches Festhalten am kleinen Ich das Sündenbewußtsein aufbläht oder daß die Furcht vor bösen Gedanken böse Gedanken erzeugt – wie auch immer, der geistliche Führer bedarf, um es mit Ignatius von Loyola zu sagen, der Gabe der „Unterscheidung der Geister", die Johannes vom Kreuz in höchstem Maße besaß. Er war z. B. einer der wenigen, dem die „Wunder" einer betrügerischen Stigmatisierten in Lissabon nicht imponierten. Während Weltleute und Geistliche, z. B. die „unbeschuhten" Prioren auf dem Kapitel in Lissabon, dieser übrigens sehr schönen Nonne huldigten, erklärte Johannes, er brauche die Wunden von niemandem zu besichtigen. Wenige Jahre später dann erledigten – Gracián berichtet es – Wasser und Seife diesen Fall von Stigmatisierung. Berühmt ist auch das Gutachten des Johannes zur Beurteilung der aufsehenerregenden Gebetserfahrungen einer Karmelitin (vgl. Kapitel „Heilsame Wünsche").

In seinem Brief nun aber an diese Schwester, die unter Skrupeln litt, hat er es mit einem Menschen zu tun, dessen Selbstvertrauen gestört ist und der sich mit ungerechtfertigten Ängsten und Selbstvorwürfen quält. Ein Sünden-Allergiker. Das erste, was ihr Johannes empfiehlt, ist: von sich selbst wegblicken. Hinblicken auf den Heiligen Geist, diesen Tröster und Heiler, der nicht Richter, sondern Liebender ist. Weiter rät der angeblich so gestrenge Doctor mysticus zum Übergehen aller im Kloster vorkommenden Fehler – also schreibt er an eine Priorin, vielleicht, so wird vermutet, an die von Madrid. Der Heilige Geist braucht Ruhe und Frieden.

Der geistliche Führer hat die Erfahrung, Weisheit und Unterscheidungsfähigkeit, der sich anklagenden Nonne einen noch häufigeren Gang zum Altarsakrament zu empfehlen, aber ohne Beichte! Das setzt wesentliche Sündenfreiheit voraus, die Schwester kann sich also menschlich wahrhaft „angenommen" fühlen. Weil Johannes aber auch weiß, daß ein skrupelgeplagter Mensch das Übergehen der Beichte möglicherweise nicht leisten kann, gibt er gemäß dem liturgischen Sündenbekenntnis Hinweise, was an „Gedanken, Worten und Werken" für jeden jederzeit und ohne inneren Schaden zu beichten wäre. Allgemeines, keinerlei bestimmte Verfehlungen, die der „Sünden-Allergie" neue Nahrung gäben. Er gibt also eigentlich Anweisung, was *nicht* zu beichten wäre, ohne dabei die Möglichkeit einer subjektiven Gewissenserleichterung zu blockieren.

Und dann, aus tiefster persönlicher Erfahrung, die „Einweisung" in das Dunkel des Glaubens und der Hoffnung, in dem die Liebe des Heiligen Geistes die Führung übernimmt. Das liebevoll beschwörende „Amen! Amen!" des Johannes bedeutet: Nun aber Schluß mit den Skrupeln!

WIE AUCH IMMER

An Mutter Ana de Jesús in Segovia

Madrid, den 6. Juli 1591

Jesus sei in Ihrer Seele!

Vielen Dank für Ihren Brief, der mich Ihnen noch tiefer verpflichtet, als ich es ohnehin schon bin. Daß die Dinge nicht nach Wunsch liefen, sollten Sie eher mit Freude beantworten und Gott danken, denn wenn seine Majestät es so fügte, dann, weil es so für uns alle am besten ist. Damit wir das einsehen, bleibt uns noch die Aufgabe, unser Wollen entsprechend zu ändern. Denn was uns nicht gefällt, erscheint uns schlecht und schädlich, wie gut und richtig es auch für uns sein mag. Dabei läßt sich hier leicht erkennen, daß es nicht schadet, weder mir noch sonst jemandem. Was mich betrifft, ist es sogar sehr nützlich, denn frei von der seelsorgerischen Verantwortung kann ich mich mit Gottes Gnade, wenn ich es will, des Friedens und der Einsamkeit erfreuen, kann mich und alles vergessen und diesen Zustand dankbar genießen.

Aber auch für die anderen ist es gut, mich loszuwerden, denn so bleiben sie bewahrt vor den Fehlern, die meiner Unzulänglichkeit zuzuschreiben wären.

Um was ich Sie, liebe Tochter, bitte, ist, daß Sie den Herrn bitten mögen, daß er es bei dieser Gnade des Freiseins belasse, denn ich fürchte immer noch, daß man mich doch wieder nach Segovia schickt und dort einengt, so sehr ich mich auch dagegen sträuben mag.

Aber wenn es nicht anders sein kann, so wird mir auch die Mutter Ana de Jesús nicht aus den Händen genommen, wie sie jetzt fürchtet, und so wird sie nicht mit dem unangenehmen Gedanken sterben müssen, daß sie, wie sie meint, die Gelegenheit, sehr heilig zu werden, verpaßte! Ob ich nun aber gehe oder bleibe, wo und wie auch immer, werde ich Sie weder vergessen noch Sie, wie Sie es ausdrücken, nicht mehr auf Rechnung haben, denn ich wünsche wirklich und für immer Ihr Heil.

Damit uns dieses Heil dereinst im Himmel zuteil werde, üben Sie sich unterdes in Geduld und Selbstverleugnung und allem Guten, wünschen Sie im Erdulden unserem demütigen und gekreuzigten Gott etwas ähnlich zu werden. Denn unser Leben ist nur gut, sofern wir ihm nachfolgen. Seine Majestät bewahre Sie und lasse Sie in Liebe wachsen, amen, als seine heilige Geliebte!

Die Adressatin, Sr. Ana de Jesús im teresianischen Karmel von Segovia, ist nicht die berühmte Ana de Jesús, der Johannes seinen „Geistlichen Gesang" widmete (vgl. „Die Krone") und die mit zivilem Namen Lobera hieß. Die Empfängerin dieses Briefes war eine Jimena und reiche Witwe des Francisco Barros de Bracamonte. Sie hatte das Kloster in Segovia gestiftet, in das sie 1574 zusammen mit ihrer Tochter eintrat, wie die heilige Teresa im 21. Kapitel ihrer „Klosterstiftungen" berichtet, wobei sie hinzufügt: „Das Ungemach, das ihr als Ehefrau und Witwe widerfuhr, glich der Herr aus durch die doppelte Freude, die das Klosterleben für sie bedeutete."

Dennoch wird die Identität dieser Ana de Jesús in manchen bekannten Studien (Brenan, Graviss) verwechselt. So lesen wir auch in der Edition des Johannes-Verlags: „Es ist dies der einzige erhaltene Brief des Heiligen an seine Lieblingstochter, die hochherzige und wagemutige Ana de Jesús, die nicht nur als Mystikerin und Gründerin ausgezeichnet war, sondern auch durch Schönheit und Geist." (Die lebendige Flamme, Briefe, Anweisungen 155). Ein einfacher Blick auf die ordensgeschichtlichen Hintergründe macht den Sachverhalt klar:

Johannes war zunächst gern in Segovia und endlich wieder in Kastilien! Der ehrgeizige Doria ließ sich nicht allzu oft vertreten und vertraute ihm, wie man an dem Gutachten über den „Geisteszustand einer Karmelitin" sieht (vgl. Kapitel „Heilsame Wünsche"), um das Doria ihn gebeten hatte. Johannes liegen „Politik" und Intrigen fern, aber wo er Fehler oder Gefahren sieht, sagt er klar seine Meinung. So sagt er auch, daß er es als nicht richtig und den Absichten der verstorbenen Ordensmutter widersprechend ansieht, wenn die Nonnen einer unpersönlichen „Consulta" unterstellt werden. Der gleichen Meinung sind die anderen engen Freunde Teresas: Ana de Jesús (Lobera), Pater Gracián, Teresas langjähriger Beichtvater, der große Theologe und Dominikaner Domingo Báñez und der Herausgeber des teresianischen Gesamtwerks, der Dichter und Augustiner-Theologe Luis de León, der literaturgeschichtliche Höhepunkt und Inbegriff spanischer Renaissance. So sieht sich Johannes nolens volens in einer kämpferischen Gemeinschaft.

Gracián, dessen Tage im Orden bald gezählt sind, verfaßt in Lissabon Pamphlete gegen Doria*, und Ana de Jesús schreibt an Papst Sixtus V., man möge Johannes vom Kreuz zum Generalkommissar für die Nonnen ernennen und sie ihm allein unterstellen. Der Papst schickt das gewünschte Breve, P. Luis de León soll es durchführen!

Doria ist außer sich. Sein Zorn führt zu einem extremen Beschluß: Er will die Nonnen aus dem Orden ausgliedern! Sozusagen ein teresianischer Orden ohne Teresa. Nun stellt sich ihm Johannes hart und scharf entgegen, hört nicht auf seinen Sekretär Juan Evangelista, der zur Mäßigung rät. Auch der gefürchtete Báñez fährt großes Geschütz gegen Doria auf – mit Recht. Er sagt ihm, wenn er die Nonnen aus dem Orden ausglie-

---

* Vgl. E. Lorenz, Nicht alle Nonnen dürfen das, Herderbücherei Nr. 1090.

dere, so sei das eine in solcher Größe in der Kirchenge-
schichte noch nicht vorgekommene Gemeinheit! (Brenan 86). Die Fronten scheinen klar.

Dorias Vertrauen zu Johannes vom Kreuz ist nicht
wieder herzustellen. Der eigenen Mentalität entsprechend vermutet er, daß Johannes machthungrig an der
Spitze eines Komplotts stand. Obendrein setzt dieser
sich jetzt auch noch für Pater Gracián ein. Die beiden
Männer verbindet keine Freundschaft, aber Johannes
sieht, daß hier ein großes Unrecht geschehen soll. Und
in einer Vision zeigt sich ihm das Vorgehen gegen Gracián als Untergang des Ordens – alle ertrinken im
Meer! Johannes kämpft.

Am 1. Juni 1591 tagt das Generalkapitel in Madrid
unter Dorias Vorsitz. Johannes wird aller Ämter enthoben. Denn ohne ein anderes Amt kann er auch nicht
Generalkommissar für die Nonnen werden. Ehe er
nach Madrid reiste, hatte er der hoffnungsvollen Priorin von Segovia gesagt, er wisse es schon aus einer Ge-
betsoffenbarung: man werde ihn nehmen und in die
Ecke werfen.

MISSIONAR, CONQUISTADOR?

Als „die Ecke" erweist sich Mexiko, Neuspanien, wie
man es damals nannte. Dort war erst kürzlich das erste
teresianische Kloster gegründet, und man hatte um die
Übersiedlung von 12 Patres gebeten. Das Generalkapitel in Madrid fände es gut, wenn man Johannes dorthin
entfernen könnte. Und Johannes selbst, der Ungerech-

tigkeiten müde, tief in die Unio mystica eingesenkt und vielleicht auch in der Hoffnung, in Mexiko endlich das kontemplative Leben führen zu können, das er im Orden suchte, bietet selbst seine Entsendung nach „Neu-Spanien" an. Das Kapitel ist erstaunt, wie leicht sich seine Wünsche erfüllen, und setzt am 25. Juni einen Vertrag auf, demzufolge Johannes vom Kreuz bereit ist, als einer der 12 Mönche nach Mexiko zu segeln!

War es nur Resignation, oder mischten sich hier Träume hinein, sehr spanische Träume, die dem „Geistlichen Gesang" einen ganz besonderen Zauber geben? Verglich doch in ihm Johannes seine inneren Erfahrungen den faszinierenden Entdeckungen der Conquistadoren. Hans Urs von Balthasar schreibt in seiner „Theologischen Ästhetik": „Juans ganzes Werk ist Lockruf in das einzige notwendige Abenteuer. An die Stelle der danteschen Bilder treten Bilder des Weltentdeckungspathos der Conquistadorenzeit. Der Bräutigam wird gebeten, die Begleitung der Braut zu betrachten, ‚die da durch wundersame Inselreiche schreitet', und diese fremden Inseln werden gedeutet als ‚Weisen und Wege, die allen Sinnen fremd und unbekannt sind und außerhalb der gewohnten Erkenntnisart liegen'. Anderswo wird der Bräutigam selbst mit ‚stillen, waldigen Tälern, mit wunderfremden Inseln' verglichen." Balthasar zeigt im weiteren, wie das Bild der Inseln noch übertroffen wird „vom allüberspülenden Meer", das, spur- und weglos, so geheim und verborgen ist wie die Nacht, so einsam wie die Wüste (vgl. Balthasar 272 f).

Träumte Johannes von einem neuen Leben auf dem

neuen Kontinent – der zuerst in Form vorgelagerter Inseln entdeckt wurde? Wie auch immer, nach einigen Tagen war auch das überholt, denn inzwischen war Papst Sixtus V. gestorben, und der neue Papst Gregor XIV. sandte, beeindruckt von Dorias „Partei", ein neues Breve, das mit seinem Kompromiß doch das der Ana de Jesús gewährte aufhob: die Nonnen sollten den Provinzialen unterstellt werden. Diese aber waren durch die Consulta entmachtet.

Mit diesem neuen Breve, das Ende Juni/Anfang Juli eintraf, ist die Gefahr einer Machtübernahme durch Johannes vom Kreuz beseitigt und damit auch die Notwendigkeit, ihn nach Mexiko abzuschieben. Doria atmet auf, möchte nun Johannes wieder für seine Zwecke einsetzen, ihn handhaben wie eine Marionette: Er soll wieder Prior im Segovia-Kloster werden. Bauliche Erweiterungen waren dort unter der Leitung des Johannes begonnen worden, der selbst gern mitarbeitete. Er liebte den Umgang mit festem, zuverlässigem Material. Und die Stifterin des Klosters, die nun auch die Fertigstellung bezahlen sollte, war Ana de Peñalosa, eine geistliche Tochter und Verehrerin des Heiligen, von der noch die Rede sein wird.

Aber Johannes weigert sich, wieder das Priorat in Segovia zu übernehmen. Erstens hatte ihn vor wenigen Wochen das Generalkapitel aller Ämter enthoben – war er daran nicht im Gehorsam gebunden? Und zweitens war er gar zu glücklich gewesen, endlich frei zu sein für das kontemplative Leben. Zumal eine Ahnung ihm sagte, daß ihm dafür nicht mehr viel Zeit bleibe. Er hatte in der Vita activa dem Orden große Dienste geleistet – allein die Reisezeiten, so hat man errechnet, belaufen sich zusammen auf drei Jahre. Johannes fühlt: Gott hat ihm mit der Befreiung von Ämtern eine große Barmherzigkeit für die eigene Seele erwiesen – entsprechend fällt nun seine Entscheidung aus.

Doria, enttäuscht, beschließt, ihn nach Andalusien zu senden – teils eine Strafaktion, denn wie die Priorin María de la Encarnación aus Segovia zu berichten weiß, geht Johannes nicht gern – teils auch aus praktischen Gründen. Sollte es doch noch zu einer Einschiffung nach Mexiko kommen, ist Johannes gleich nah am Hafen. Der junge Pater Juan de Santa Ana wird beauftragt, die Reise nach „Neu-Spanien" vorzubereiten.

LIEBE SETZEN

Aber noch während Johannes zwischen allen Stühlen in Madrid sitzt, haben „seine" Nonnen in Segovia vernommen, er solle nach Mexiko auswandern. Voller Entsetzen schreibt ihm seine „Tochter" Ana de Jesús (Jimena, vgl. S. 105) einen Brief, auf den Johannes sofort noch von Madrid aus, dem Tagungsort des Generalkapitels, antwortet. Zu diesem Zeitpunkt, am 6. Juli, ist er noch nicht sicher, ob Nicolás Doria seine Ablehnung des Segovia-Priorats akzeptieren werde, und hofft auf Freiheit, wo und wie auch immer. Aber so viel er seiner geistlichen Tochter auch abverlangt, wenn sie beten soll, daß er nicht wieder nach Segovia komme, sind doch diese vertrauensvollen persönlichen Mitteilungen getragen von dem Bemühen, Ana de Jesús für ihren weiteren inneren Weg die rechten Hinweise zu geben und sie dabei wissen zu lassen, daß seine Verbundenheit mit ihr auch bei einem Ortswechsel bestehen bleibt. Er, der des Trostes bedarf, tröstet die Schwester. Diplomatisch schreibt er auch am gleichen Tage an Anas Tochter, María de la Encarnación, die zwanzig Jahre Priorin des Klosters bleibt. Es ist einer jener Briefe, die wegen der Reliquiensucht der Zeit zerteilt wurden. Wir besitzen nur noch das Fragment:

An Maria de la Encarnación   *Madrid, den 6. Juli 1591*

... was mich angeht, liebe Tochter, so bekümmern Sie sich nicht, denn ich tue es auch nicht. Dagegen leide ich sehr, wenn ich sehe, daß man jemandem die Schuld gibt, der sie nicht hat. Denn diese Dinge geschehen nicht durch Menschen, sondern durch Gott, der weiß, was angemessen und richtig ist zu unserem Heil. Denken Sie nie etwas anderes, als daß Gott diese Dinge fügt. Und wo keine Liebe ist, setzen Sie Liebe, und Sie werden Liebe gewinnen ...

Johannes will also Doria von jedem Vorwurf frei sehen, ja, er empfiehlt der Priorin in dem vorsichtig unpersönlichen Schlußsatz, diesem Generalvikar ihre Liebe zuzuwenden. Doria selbst ist gewiß kein Mensch, der Liebe ausstrahlt. Aber so kann Johannes nicht nur an das christliche Gebot der Feindesliebe, sondern auch an seinen Lieblingsgedanken erinnern: aus dem Nichts erwächst das Alles. Aus der Verneinung die Bejahung, wenn wir nur Gott Raum geben.

DER HABIT

An Doña Ana del Mercado y Peñalosa

La Peñuela, den 19. August 1591

Jesus sei in Ihrer Seele!

Wenn ich Ihnen auch unterwegs von Baeza aus schrieb, freute ich mich doch sehr über das Vorbeikommen der beiden Diener des Don Francisco, weil es sicherer ist, wenn ich ihnen diese Zeilen übergeben kann. Im vorigen Brief schrieb ich, wie sehr ich mir diese Einöde (desierto)*von La Peñuela, sechs Meilen vor Baeza, wo ich vor neun Tagen ankam, zum Aufenthalt gewünscht hatte. Ich fühle mich sehr wohl, dem Herrn sei Dank, und gesund bin ich auch. Denn die Weite der Wildnis (desierto) stärkt Leib und Seele, wenn es auch um die Seele recht armselig bestellt ist. Der Herr wird wohl wollen, daß auch sie ihre geistige Wüste (desierto) habe. Möge ihm dieser Wunsch immer besser erfüllt werden, denn Seine Majestät weiß, was wir von uns aus sind.

Es ist aber noch ungewiß, wie lange ich hier bleiben kann,

---

* Johannes nutzt in diesem Brief den vielfachen Sinn des Wortes desierto = Wüste, Einöde, Wildnis, Einsiedelei, Verlassenheit, Prüfung.

denn P. Antonio de Jesús (der Provinzial) droht mir von Baeza aus, indem er sagt, daß man mich hier nur für kurze Zeit lassen werde. Doch wie dem auch sei, es geht mir gut in dem Nichtwissen, und die Prüfung der Wüste ist wunderbar.

Wir haben heute vormittag unsere Erbsen geerntet, jetzt unsere Morgenbeschäftigung. Dann werden sie gepalt. Es ist hübsch, diese stummen Kreaturen in der Hand zu halten, besser, als wenn andere uns in der Hand haben – Gott lasse mich hier bleiben! Beten Sie dafür, liebe Tochter! Wenn Sie das für mich tun, werde ich nicht versäumen aufzubrechen, wann Sie es wünschen.

Achten Sie gut auf Ihre Seele, beichten Sie weder Skrupel noch erste Regungen noch auch Interesse an Dingen, bei denen sich die Seele gar nicht aufhalten wollte. Und kümmern Sie sich um Ihre Gesundheit, und versäumen Sie nach Möglichkeit nicht das Gebet.

Ich sagte schon im vorigen Brief – wenn auch dieser vielleicht eher ankommt – daß Sie mir über Baeza schreiben können, denn es gibt dort eine Post, die die Briefe hierher an die Unbeschuhten Patres weiterbefördert. Ich habe dort schon eine Nachricht hinterlassen, daß man sie mir sendet.

Meine Empfehlungen an Don Luis und an meine Tochter Inés. Gebe Gott Ihnen seinen Heiligen Geist, so wie ich es Ihnen wünsche!

Johannes schreibt jetzt aus La Peñuela, einem einsamen Kloster auf dem östlichen Ausläufer der Sierra Morena, in Andalusiens nördlichster Provinz Jaén. Es ähnelt dem Calvario-Kloster, wo sich Johannes wohlgefühlt hatte. Jetzt ist es seine erste Station auf dem Weg nach Andalusien, er kam dort nach langer Reise vermutlich am 10. August an. Der Abschied in Madrid und Segovia war schmerzlich gewesen. Johannes deutete an, daß man sich nicht wiedersehen werde, was meist als ein neuer Beweis seiner prophetischen Gabe gedeutet wird. Es konnte aber auch in dem Gedanken begründet sein, daß er ja möglicherweise nach Mexiko gehen müsse. Allerdings sagte er seiner alten Freundin und „Tochter" Ana de Peñalosa ein Wort, das diese erschüttert erst zwei Jahre später zu deuten wußte. Das Gespräch spielte sich so ab:

Johannes sagte: „Behüte Sie Gott, liebe Tochter, ich muß gehen." Ana brach in Tränen aus und antwortete: „Pater, wie ist es möglich, daß Sie mich verlassen?" Da tröstete er: „Seien Sie nicht traurig, denn Sie werden nach mir schicken und mich nach Segovia zurückholen" (Crisógono 303). So war es: nachdem Johannes in Úbeda gestorben und dort zunächst beigesetzt war, erreichte es Ana zusammen mit ihrem einflußreichen priesterlichen Bruder Luis zwei Jahre später, daß die sterblichen Überreste nach Segovia überführt wurden. Dort ruhen sie noch heute in einer Seitenkapelle der Karmelitenkirche.

Tatsächlich wurde Ana de Peñalosa durch den Weggang des Heiligen besonders schwer getroffen, denn sie hatte ihr ganzes Leben nach ihm ausgerichtet, war seinetwegen von Granada nach Segovia umgezogen. Johannes hatte sie in Granada kennengelernt – wo sie ihm und Ana de Jesús (Lobera) aus einer sehr schwierigen Situation heraushalf. Es ging um die Gründung des Frauenklosters Ende des Jahres 1581, Johannes war gerade bitter enttäuscht ohne die Mutter Teresa in Granada angekommen, da erhielt er die zweite Hiobsbotschaft: Der Erzbischof erteilte die Erlaubnis nicht, und der Besitzer des vorgesehenen Hauses wollte plötzlich nicht mehr verkaufen. Ana de Jesús saß mit den für die Gründung mitgebrachten Schwestern sozusagen auf der Straße. Davon hörte die reiche Witwe Ana del Mercado y Peñalosa: sie nahm die ganze Gesellschaft in ihr Haus auf, richtete eine Kapelle ein und war sieben Monate lang glücklich, das alles tun zu dürfen; dann fand sich ein Haus, für das auch die Genehmigung erteilt wurde.

Die großzügige Witwe und ihre Nichte Inés vertrauten sich nun der geistlichen Führung des Johannes an, das gegenseitige Verständnis führte zu einer Freundschaft, die den Heiligen veranlaßte, auf die Bitte der Ana de Peñalosa hin sein letztes Prosawerk zu schreiben, die „Lebendige Flamme der Liebe", die er zwischen 1585 und 1587 in nur zwei Wochen niederschrieb. Ein auch für Laien besonders lesbares Werk, war es doch für die Witwe gedacht. Im Prolog sagt Johannes Persönliches, das Ana tief beeindruckt haben muß:

„Als Sie, meine sehr edle und fromme Dame, mich gebeten hatten, diese vier Strophen zu erklären, empfand ich doch einiges Widerstreben. Denn nur schwer läßt sich Wesentliches aussagen über einen so inneren und geistlichen Gegenstand, für den die Möglichkeiten der Sprache im allgemeinen nicht ausreichen. Auch spricht es sich schlecht von geistiger Tiefe, wenn nicht mit geistiger Tiefe. Und da es mir daran fehlt, habe ich bis heute alles aufgeschoben. Nun scheint mir aber, daß Gott mir ein wenig Einblick geschenkt hat und hilft, daß ich mich für die Aufgabe erwärme. Vermutlich als Folge Ihres frommen Wunsches, den der Herr erfüllen möchte, weil eben Sie es sind, für die ich die Erklärung schreiben soll. So habe ich mich denn aufgeschwungen, im sicheren Wissen, daß ich aus eigenem Bemühen nichts von Wert sagen kann, schon gar nicht, wenn es sich um so hohe und wesentliche Dinge handelt. Auf mein Konto kommen nur die Irrtümer und das Mißlingen. Ich überlasse darum alles dem besseren Wissen und Urteil unserer Mutter, der römisch-katholischen Kirche, nach deren Richtlinien niemand irrt. Dieses vorausgesetzt und gestützt auf die Heilige Schrift, wage ich mich an diese Erklärungen, die so weit hinter den Gegebenheiten zurückbleiben werden wie das Gemälde hinter der dargestellten Wirklichkeit."

Und Johannes erklärt im weiteren Prolog, daß er in den Aussagen über die Transformationen der Unio mystica noch weiter gehen werde als im „Geistlichen Gesang", wozu er dann schon den Vergleich des Holzes vorwegnimmt, das im Feuer glühend, ja, zur Flamme wird – alles dieses immer im Hinblick auf die leidenschaftlich religiöse Ana, die es wagen darf, sich auf diesen inneren Prozeß einzulassen.

Als Ana de Peñalosa dann 1588 dem Johannes nach Segovia folgte, brauchte er ihre finanzielle Hilfe: das Kloster dort war eng und feucht, er beschloß einen Neubau
an einem besseren Platz, legte selbst täglich Hand an –
schwere körperliche Arbeit. Auch ein weiter Klosterg-
arten gehörte dazu, er zog sich bis zu einem steilen Fel-
sen empor. Von dort hatte man einen herrlichen Blick
über Segovia, Johannes genoß hier wieder jene Weite,
nach der sein Geist sich immer sehnte.

So kann er jetzt in seinem Brief der zu ihrem Bruder
Luis nach Madrid gezogenen Ana auch von La Peñuela
aus berichten, was ihn am meisten freut: Weite und
Einsamkeit. Er hatte gleich nach seiner Ankunft an seinen ehemaligen Gründungsgefährten P. Antonio de
Jesús geschrieben, der inzwischen zum Provinzial für
Andalusien aufgestiegen war. Er stellte sich ihm als
sein „Untertan" vor und fragte, wo er leben solle. P. Antonio ließ ihn in La Peñuela, allerdings mit der Möglichkeit eines Wechsels im Hintergrund. Als Johannes
an Ana schreibt, ist er erst eine gute Woche dort, glücklich wegen der Atmospäre und Umgebung des Klosters, nicht ganz glücklich, sich von der Willkür seiner
Vorgesetzten abhängig zu wissen – Doria, Antonio, die
Junta mit den halben Missionsplänen – und aus dem
Kontrast von begründeter Melancholie und Freude
über die endlich geschenkte Zurückgezogenheit formt
er in seinem Brief das Spiel mit dem Wort „desierto",
dessen Bedeutung mit Zwischentönen von Wüste über
Eremitage bis zu seelischer Verlassenheit reicht. Ein

weiteres Schlüsselwort ist das „Nichtwissen", das im Werk des Johannes die läuternde und darum letztlich glückselige „Nacht des Verstandes" meint, die Gottes „Überstieg" zuläßt.

Auch in la Peñuela hat Johannes seine seelsorgerische Verantwortung nicht aufgegeben, wenn auch die Belastung geringer geworden ist. Aber immerhin wandert er regelmäßig als Beichtvater in das nahe Städtchen Linares, und Ana de Peñalosa erfährt seine Fürsorge in der „gedrängten Übersicht" der Dinge, die sie bei sich persönlich beachten muß. Der Brief ist als Ganzes gesehen eine Folge von Andeutungen und Wortspielen, die eine große Vertrautheit zwischen dem Schreiber und der Empfängerin der Zeilen voraussetzen – und die Übersetzerin, mehr noch als ohnehin bei persönlichen Briefen, vor Probleme stellen. Das Versprechen etwa, aufzubrechen, wenn die für sein Bleiben betende Ana es wünsche, läßt vermuten, daß Ana mit Doña Inés und Don Luis nach Andalusien reiste (vgl. EE 1294).

Der Heilige sorgt sich um die Sicherheit seiner Briefe. Er fürchtet, sie könnten in fremde Hände fallen, darum ist er dankbar für jede Vorsichtsmaßnahme. Er weiß, daß er im Orden nicht nur Freunde hat, er soll es in den nächsten Monaten noch in vernichtender Weise erfahren. Und ebenso wie Teresa kümmert er sich um die postalischen Möglichkeiten und Unmöglichkeiten. Im Vergleich zu anderen Ländern hatte das große spanische Weltreich des 16. Jahrhunderts ein erstaunlich gut entwickeltes und organisiertes Postwesen, von der zentralisierenden Höhe des Hofes bis hinab zu privilegierten Städten und angeschlossenen Städtchen. Es war ein Staffettensystem, das den Transport relativ schnell und absolut unsicher machte. Oft zur Verzweiflung der unermüdlich Briefe versendenden Teresa, die sich klugerweise um Freunde bei der Post bemühte, besonders in Toledo auch solche fand. Aber die Freundschaft reichte nur bis zur nächsten Staffette. Weshalb Teresa der Priorin von Valladolid für geweihte Gegenstände folgende Anweisungen gab: „Schicken Sie niemals Rosenkränze mit der normalen Post, nicht einmal in Gedanken!" (Carta 139).

EIN KLEINES FIEBER

In La Peñuela hat Johannes eine annehmbare Regelung gefunden. Aber schon vier Wochen später zeigt sein nächster Brief an Ana de Peñalosa, daß er die geliebte „einsame Weite" verlassen muß. Es gibt dort weder Ärzte noch Apotheken, und er leidet an einer unangenehmen Entzündung des rechten Fußes, vielleicht durch eine Schramme oder einen Dorn verursacht. Johannes hätte am liebsten gar nichts unternommen. Aber auch ein Mitbruder war erkrankt, und der Befehl des Oberen lautete: fort zur Behandlung! Baeza war in jeder Hinsicht das Naheliegendste, und dorthin ging auch der kranke Mitbruder. Aber Johannes wollte nicht – man kannte ihn dort gut, liebte und verehrte ihn – es schien ihm nicht das seinem Schicksalsauftrag, der Nachfolge Christi, Entsprechende zu sein. Es waren sowieso wieder dunkle Leidenswolken am Himmel aufgezogen, Johannes wollte nicht fliehen. Er wußte, daß seine Gegner ihn verfolgten, ihm die ämterlose Ruhe nicht gönnten und daß einer dieser Gegner der Prior von Úbeda war. Darum entschied Johannes: ich gehe zur Pflege nach Úbeda – genauer gesagt, er ritt dorthin, denn gehen konnte er nicht mehr. Vorher benachrichtigte er Ana de Peñalosa, es ist sein letzter Brief:

An Ana del Mercado y Peñalosa in Segovia

La Peñuela, den 21. September 1591

Jesus sei in Ihrer Seele, liebe Tochter in Christo!

Ich erhielt hier in La Peñuela Ihr Briefpäckchen, das der Diener überbrachte. Ich weiß Ihre Sorgfalt sehr zu schätzen. Morgen gehe ich nach Úbeda, um mich dort von einem kleinen Fieber zu kurieren. Da sich schon seit einer Woche diese Temperaturen täglich einstellen und mich nicht verlassen, brauche ich doch wohl medizinische Hilfe. Aber ich gehe in der Absicht, hierher zurückzukehren, weil mir doch diese heilige Einsamkeit so gut tut. Was also Ihre Warnung betrifft, ich möge nicht mit Pater Antonio reisen, so seien Sie sicher, daß ich diese und auch alle Ihre weiteren Bitten so sehr beherzigen werde, wie es mir möglich ist.

Ich habe mich sehr gefreut, daß Don Luis nun Priester des Herrn ist. Mögen ihm für dieses Amt viele Jahre gegeben werden und seine Majestät (Gott) ihm die Sehnsucht des Herzens erfüllen. O welch ein guter Stand ist das, um die Seele reich zu machen und alle Sorgen hinter sich zu lassen! Sagen Sie Don Luis bitte meine Segenswünsche. Ich wage ja nicht, ihn zu bitten, daß er beim heiligen Meßopfer meiner gedenke – was ich allerdings als sein Schuldner immer für ihn tun werde. Denn auch wenn ich vergeßlich wäre, würde ich mich doch durch die

Verbundenheit mit seiner Schwester, an die ich immer denke,
seiner selbstverständlich erinnern.

Bitte übermitteln Sie meiner Tochter Doña Inés viele Grüße
im Herrn. Und beten Sie, daß er mich innerlich so bereite, daß
er mich zu sich nehmen kann. Nun fällt mir nichts mehr zu
schreiben ein, und auch wegen des Fiebers will ich jetzt aufhö-
ren, obwohl ich Ihnen gern noch mehr gesagt hätte.

(Ps.: Sie schreiben mir nichts von dem Prozeß, ob es voran-
geht oder nicht.)*

Johannes will in seinem letzten Brief die ihn liebende
Ana nicht betrüben. Nur zart angedeutet die Todesah-
nung, fast könnte es auch einfach die Sehnsucht des
Mystikers sein. Und kein Wort von den niederträchti-
gen Verfolgungen, ja, Verleumdungen, die ihm inzwischen zu Ohren kamen. Mehr noch als der Prior in
Úbeda haßt ihn ein zweiter Pater, Diego Evangelista,
der mit 31 Jahren in Segovia zum Nachfolger des Johannes im Amte des 1. Definitors gewählt worden war.
Diese beiden wütenden Feinde haben den gleichen
Grund für ihren Haß: Johannes hatte sie einst wegen
ihrer nicht klosterentsprechenden Lebensweise ge-
rügt.

Diego ist von Doria beauftragt, Material gegen Pater
Gracián zu sammeln. Aus eigenem Antrieb sammelt er
gegen Johannes gleich mit. Die Methode ist die gleiche:
er geht in Karmelitinnenklöster und befragt die ver-
schüchterten Nonnen so lange, bis sie sagen, was er ihnen in den Mund legt oder was er zur freien

---

* Dieses Postskriptum ist unsicher überliefert.

Verwendung verdreht. Gracián, sauber, aber locker und unkonventionell, ist dieser Kampagne nicht gewachsen. Johannes gegenüber wirken die Behauptungen, z. B. er habe eine Nonne durchs Sprechgitter geküßt, einfach absurd. Aber Generalvikar Doria wirft dieses Zeug nicht in den Papierkorb. Ohne den Verleumdungen nachzugehen, legt er immerhin eine Akte an. Erst nach seinem Tode 1594 wird der erste General des selbständig gewordenen Ordens, Elías de San Martín, diesen Unrat verbrennen. Dem Johannes verdüstert es die letzten Lebenswochen.

Von Pflege konnte in Úbeda gar nicht die Rede sein. Der rachsüchtige Prior P. Francisco Crisóstomo, ein harter Mann, der sein Kloster mit dem Stock regierte, gönnte ihm nicht das Notwendigste. Erst als eine Operation des Beins unumgänglich wurde, rief man einen Arzt. Der meinte, solche Schmerzen könne nur ein Heiliger ertragen. Die Wundinfektion griff vom Bein auf den Rücken über ... Das Leiden gibt ihm aber auch Gelegenheit, der Nachfolge Christi so gewürdigt zu werden, wie er es sich gewünscht hatte. Das ist ganz buchstäblich gemeint: In der Klosterkirche von Segovia hatte Johannes beim Gebet die Vision, daß ein von ihm dorthin gebrachtes Kruzifix zu ihm sprach und ihm einen Wunsch freistellte. Er brauchte nicht zu überlegen: er wünschte sich die Leiden der Kreuzesnachfolge. Sie wurden ihm gewährt (BAC 290).

Er schöpfte bis zuletzt daraus die Möglichkeit, seinen geistlichen Kindern Führung und Trost zu geben. Ana de San Alberto (vgl. Kapitel „Der Spiegel") berichtet später: „Die Leiden des Paters Gracián kamen auch über unseren Pater Johannes, und zwar sehr! Er schrieb mir aus La Peñuela einen kurzen Brief, in dem er sagte:

Sie, liebe Tochter, kennen schon die Nöte, die jetzt durchzu-stehen sind. Gott läßt das zu, um seine Erwählten zu prüfen. In Schweigen und Hoffen liegt unsere Stärke (vgl. Jes 30,15). Gott schütze Sie und mache Sie heilig. Beten Sie für mich.

DER HABIT

Der Mexiko-Beauftragte Pater Juan de Santa Ana hatte besorgt geschrieben, er fürchte, es laufe alles darauf hinaus, daß man Johannes aus dem Orden ausstoßen wolle, was man „den Habit nehmen" nannte. Johannes antwortete ihm aus Úbeda:

Mein Sohn, machen Sie sich darum keinen Kummer, denn den Habit können sie mir nicht nehmen, es sei denn, ich wäre aufsässig und unverbesserlich. Ich bin aber ganz bereit, mich in allem, worin ich gefehlt haben könnte, zu korrigieren und im Gehorsam jede Strafe anzunehmen, die man mir auferlegen will.

Das ist die demütig-gelassene Antwort auch auf die Mitteilung, ein Beauftragter der Kommission laufe herum, um Material gegen ihn zu sammeln. Johannes hatte sich mit der Antwort, von der nur das zitierte Fragment übrig ist, Zeit gelassen, so berichtet später Juan de Santa Ana. Und er erzählt auch, was Johannes noch aus La Peñuela geschrieben hatte: Der Amerikaplan habe sich zerschlagen, er sei nach La Peñuela gekommen, um sich nach einem sehr anderen und besseren Amerika (Jenseits) einzuschiffen. Die kurze Lebenszeit, die ihm noch bleibe, wolle er auf „Packen seines Seesacks" verwenden. Und er riet auch dem Ordensbruder, zu bedenken, wo „das wahre Amerika" sei (BAC 377).

Das Sprechen von der Matrosenausrüstung läßt den feinen, fröhlichen Humor ahnen, der für Johannes so charakteristisch ist wie das Singen und Dichten. Wenn er von seinem Habit sprach, dem Symbol seines gottgeweihten Ordenslebens, so mag ihm jetzt in diesen letzten Tagen des Rückblicks und der Vorbereitung auch jene Szene wieder in den Sinn gekommen sein, von der eine Schwester aus dem Kloster in Medina berichtet hat: Die Mutter Teresa begutachtend hinter dem Sprechgitter, Johannes im frischgenähten Habit davor, sich zur „Kostümprobe" nach allen Seiten drehend! Teresa hatte diesen Habit selbst entworfen, ihn mit den Medina-Schwestern geschneidert und genäht, als sie der Zustimmung des Johannes zur Mitarbeit an ihrer Reform sicher war. Natürlich gab es viel Empörung in der geistlichen Männerwelt: ein Habit aus der Hand einer Frau!

Johannes liebte ihn, war in ihm schon zur ersten Klostergründung für Mönche nach Duruelo gereist, was ihm damals die Rüge seines Mitgründers und ehemaligen Priors P. Antonio de Jesús eintrug, der nun als Provinzial von Baeza nach Úbeda geeilt kam, als er von der schweren Erkrankung des einstigen Gefährten hörte. Und sogar der feindliche Prior des Klosters, der die nötige Pflege und Hygiene verweigert hatte, kam schließlich, als sich die Zeichen des Endes bemerkbar machten, an sein Bett. Johannes, mit schmerzenden Eiterbeulen bedeckt, unsagbar elend, hatte ihn heiter-liebevoll empfangen, seine schweren Aufgaben gewürdigt, ihm Gutes gewünscht. Der Prior verließ die Zelle weinend als ein Bekehrter. Und gern wollte er ihm nun die letzte Bitte gewähren: Johannes wünschte in seinem Habit begraben zu werden.

Viele Menschen strömten jetzt zu ihm, es hatte sich herumgesprochen, daß ein Heiliger im Sterben liege. Von Ruhe war auch in diesen letzten Tagen und Stunden keine Rede.

Am Freitag, dem 14. Dezember, fragte Johannes immer wieder nach der Uhrzeit. Schon früher hatte sich ihm im Gebet die Sterbestunde geoffenbart: um Mitternacht, zum Beginn der Matutin, des ersten klösterlichen Morgengebets. Eine halbe Stunde vor Mitternacht verklärte sich das Gesicht des Heiligen, er sagte leise: „Es ist so weit. Holt die Mönche." Alle kamen mit Kerzen in den Händen, man stimmte die Sterbegebete an. Aber Johannes bat: „Lesen Sie mir aus dem Hohenlied!"

Die Bitte ist ungewöhnlich, doch wird sie sofort erfüllt. Die Turmuhr schlägt schon Dreiviertel, Johannes hört die ersten Strophen, vernimmt: „Du, den meine Seele liebt – wo lagerst du am Mittag? – Horch! mein Geliebter! Sieh da, er kommt. Er springt über die Berge – Ja, draußen steht er – er blickt durch die Fenster, späht durch die Gitter – Steh auf – so komm doch! Denn vorbei ist der Winter, verrauscht der Regen. Auf der Flur

erscheinen die Blumen; die Zeit zum Singen ist da!"
(Hld 1–2).

Als die Uhr Mitternacht schlägt, tut Johannes seinen
letzten Atemzug. Die Mönche stimmen den Morgenge-
sang an. „In einem neuen Frühling", hatte der Heilige in
seinem „Geistlichen Gesang", seinem ganz persönlichen Hohenlied geschrieben, „vernimmt die Braut die
süße Stimme des Bräutigams, der lieblichen Nachtigall.
So wird ihre Seele im Innersten erfrischt und erneuert,
wohl bereitet kann sie dem ewigen Leben entgegenge-
hen, wohin die liebliche Stimme sie süß und beseligend
ruft" (CB 39,8).

QUELLENNACHWEIS

PRIMÄRQUELLEN

San Juan de la Cruz, obras completas 2ª Edición; Revisión textual, introducción y notas al texto José Vicente Rodriguez, introducción y notas doctrinales Federico Ruiz Salvador. Editorial de Espiritualidad, Madrid 1980. (Abkürzung EE).

Vida y obras de Juan de la Cruz; Biografia de Crisógono de Jesús OCD, revisada y aumentada con notas por Matías del Niño de Jesús OCD, edición crítica de las obras del Doctor Místico, notas y apéndices por Luciano Ruano OCD. Biblioteca de Autores Cristianos 15, Madrid [10]1978. (Abkürzungen: Crisógono = Biographie, BAC = Werke).

Für die Werke wurden die üblichen Abkürzungen gewählt:
CA, CB = Cántico Espiritual, erste und zweite Fassung (Geistlicher Gesang)
L   = Llama de Amor viva (Lebendige Flamme der Liebe). (Nicht „Flamme lebendiger Liebe", wie oft übersetzt wurde).
N   = Noche oscura (Dunkle Nacht).
S   = Subida del monte Carmelo (Aufstieg zum Berge Karmel)
Die Briefe (Epistolario) wurden wegen der in den Editionen wechselnden Numerierungen ausschließlich durch Ort und Datum gekennzeichnet.

Santa Teresa de Jesús, Obras completas, edición manual. Transcripción, introducciones y notas de Efrén de la Madre de Dios OCD y Otger Steggink OCarm. Biblioteca de Autores Cristianos 212, Madrid [6]1979. Daraus: CP = Camino de perfección, Carta = Epistolario, F = Libro de las Fundaciones.

Dionysius Areopagita, Ich schaute Gott im Schweigen, Herderbücherei 1221. (Abkürzung = Dionysius Areopagita).

Ramon Llull in: Erika Lorenz, Der nahe Gott im Wort der spanischen Mystik, Freiburg 1985 (Abkürzung = Der nahe Gott).

SEKUNDÄRQUELLEN
(Als Kurztitel dienen die Autorennamen)

Albrecht, Carl: Psychologie des mystischen Bewußtseins (1951), Mainz 1976.

Balthasar, Hans Urs von: Herrlichkeit II, 2, Einsiedeln ²1969.

Bours, Johannes: Da fragte Jesus ihn, Freiburg 1983.

Brenan, Gerald: San Juan de la Cruz, Barcelona 1974 (Engl. 1973).

Crisógono, vgl. Primärquellen BAC.

Görres, Albert und Rahner, Karl: Das Böse, Freiburg 1982.

Graviss, Dennis R.: Portrait of the Spiritual Director in the Writings of Saint John of the Cross, Rom, Institutum Carmelitanum (Diss).

Lorenz, Erika: Nicht alle Nonnen dürfen das. Teresa von Ávila und Pater Gracián – Die Geschichte einer großen Begegnung, Herderbücherei 1090.

Dies.: Ein Pfad im Wegelosen. Teresa von Ávila – Erfahrungsberichte und innere Biographie, Herderbücherei 1307.

Dies.: Das Vaterunser der Teresa von Ávila. Anleitung zur Kontemplation, Freiburg 1987.

Meier, Erhard: Struktur und Wesen der Negation in den mystischen Schriften des Johannes vom Kreuz, Altenberge 1982 (Diss).

Pacho, Eulogio: Iniciación a San Juan de la Cruz, Burgos 1982.

Repges, Walter: Johannes vom Kreuz, Der Sänger der Liebe, Würzburg 1985.

Stein, Edith: Kreuzeswissenschaft. Studie über Johannes a Cruce, Druden–Freiburg 1983. (In dieser Edition fehlt die Angabe, daß Edith Stein die Prosatexte des Johannes der Köselausgabe entnommen hat, sie wagte nur gelegentlich leichte sprachliche Modernisierungen. Auch die von ihr neu geformten Gedichte lassen noch die Übersetzung der Köselausgabe durchschimmern).

Wojtyła, Karol (Papst Johannes Paul II.): La fe según San Juan de la Cruz, Madrid ³1979. (Originaltitel dieser Diss.: Doctrina de fide apud S. Joannem a Cruce).

Wulf, Friedrich: Artikel „Seelenführer" in Herders Theologisches Taschenlexikon 7, Herderbücherei 457.

Bibel Einheitsübersetzung, Endfassung Stuttgart 1983.

Geburtstagsparty
Die Herderbücherei wird 30 Jahre alt

1987 feiert die Herderbücherei einen runden Geburtstag. Sie wird 30 Jahre alt. Mehr als 1500 Taschenbücher sind inzwischen bei Herder erschienen, etwa 700 Autoren waren daran direkt beteiligt; denn eine Besonderheit des Freiburger Taschenbuchverlages ist es, daß er fast nur Originalveröffentlichungen herausbringt. Diese Unabhängigkeit vom üblichen Lizenzpoker verschafft der Redaktion einen beträchtlichen Gestaltungsspielraum. Die Manuskripte werden nicht als Fertigware eingekauft, sondern entstehen im Gespräch mit den Lektoren. So kann, Band für Band, ein unverwechselbares Reihenprofil entstehen.

Gepflegt werden die Sachgebiete Psychologie und Lebenshilfe, Religion und Meditation, Lebenserinnerungen und Zeitgeschehen, Humor und Unterhaltung, Anthologien und Weisheitslehren. Seit einigen Jahren verfolgt man mit großer Aufmerksamkeit den Versuch, das technokratische Denken zu überwinden und auch die Wissenschaften für eine tiefere Wirklichkeit aufzuschließen. Die Ergebnisse dieser sogenannten New-Age-Bewegung will die Herderbücherei künftig unter der bezeichnenden Marke „Zeit-Wende-Zeit" vermitteln. Diese Marke bringt eine Grundüberzeugung der Redaktion zum Ausdruck: Es ist höchste Zeit, umdenken zu lernen, wenn die Erde auf Dauer bewohnbar bleiben soll.

Das Christentum ist von dieser Forderung nicht ausgenommen. Daß sie mehrfach und kontrovers in dem angekündigten Jubiläumsprogramm vorkommt, verwundert daher nicht. Während Eugen Biser, im Grunde positiv, von einer sich anbahnenden „Glaubenswende" spricht, vergleicht Oskar Köhler die Situation mit der Erfahrung des Petrus, der auf dem See Gennesareth zu versinken beginnt und nur durch den Herrn gerettet wird. Auf Allensbacher Langzeitbeobachtungen fußend, fragte Renate Köcher nach den Überlebenschancen eines Glaubens ohne Kirche. Doch will die Herderbücherei auch auf hoffnungsvolle Zeichen aufmerksam machen, wozu man gewiß das beginnende Gespräch mit den Weltreligionen zählen darf. Auf diesem Gebiet hat der Freiburger Taschenbuchverlag mit den „Texten zum Nachdenken", mit der Serie „Antwort der Weltreligionen" und mit kompetenten Einführungsbänden Pionierarbeit geleistet.

Einen großen Durchbruch erlebte die Herderbücherei auf dem Gebiet der Bibliotherapie. Überzeugt von der „Heilkraft des Lesens", entwickelte die Redaktion inzwischen ein Programm von über 100 Taschenbüchern, die in den verschiedenen Lebenskrisen, von der Depression bis zum Nachbarschaftskonflikt, Rat und Hilfe anbieten. Täglich eingehende Leserbriefe bestätigen dem Verlag, daß man mit dieser psychologischen Aufklärungsarbeit viele Probleme im Vorfeld seelischer Erkrankungen lösen kann. Natürlich kommen nur Therapeuten zu Wort, die aus langjähriger Beratungserfahrung schreiben.

Informationen aus erster Hand bekommt der Leser auch in den zeitgeschichtlichen Publikationen. Weimarer Republik, Drittes Reich, Weltkrieg, Widerstand, Exil, Besatzung, Wiederaufbau – in Augenzeugenberichten möchte die Redaktion diese Schlüsselerfahrungen festhalten und weitergeben, damit die kommenden Generationen nicht noch einmal Lehrgeld zahlen müssen. Auf dem Höhepunkt der kulturrevolutionären Auseinandersetzungen in Deutschland gründete Gerd-Klaus Kaltenbrunner das Taschenbuchmagazin INITIATIVE. Es hat wesentlich dazu beigetragen, daß inzwischen auch konservative Positionen diskussionswürdig und konsensfähig geworden sind.

Natürlich lebt ein Taschenbuchverlag nicht nur von programmatisch-anspruchsvoller Literatur. Unterhaltsames kommt nicht zu kurz. 1987 wollten die Herderbücherei-Autoren die Humorecke nicht ihren professionellen Kollegen wie Heilwig von der Mehden und Heinrich Lützeler alleine überlassen. So kann der Verlag für den Mai einen Jubiläumsband ankündigen, in dem Therapeuten und Theologen, prominente Zeitgenossen und ernsthafte Wissenschaftler über die schönsten Augenblicke ihres Lebens berichten, „Von heiteren Tagen" (Nr. 1361). Eine Geburtstagsparade, auf die man gespannt sein darf. Und noch ein Jubiläums-Angebot hat die Redaktion angekündigt: eine preisgünstige Taschenbuch-Ausgabe des „Lexikon der Psychologie", die Neuausgabe des vielbenutzten Dreibänders.

Erika Lorenz

Ein Pfad im Wegelosen
Teresa von Ávila –
Erfahrungsberichte und innere Biographie
Band 1307, 160 Seiten

Ramon Llull
Die Kunst, sich in Gott zu verlieben
Ausgewählt, übertragen und erläutert
von Erika Lorenz
Band 1198, 128 Seiten

Teresa von Ávila
»Ich bin ein Weib – und obendrein kein gutes«
Ein Porträt der Heiligen in ihren Texten
Ausgewählt, übersetzt und eingeleitet
von Erika Lorenz
Band 920, 144 Seiten, 5. Aufl.

Francisco de Osuna
Versenkung
Weg und Weisung des kontemplativen Gebetes
Band 938, 144 Seiten, 2. Aufl.

Maria von Ägypten –
Allmacht der Buße
Von Gertrude und Thomas Sartory
Mit einer Meditation von Erika Lorenz
Band 977, 144 Seiten

Herder Taschenbuch

Meister des inneren Weges

Herder Taschenbuch